GPX Ribeiro Guglielmone

# Mi Sento Meglio

ISBN 978-1-291-66500-0

# Mi Sento Meglio

## Parte Prima

# I
# INTRO

## I.a

Alcune cose le conosco perché mi hanno spiegato che funzionano così, altre cose le so perché le sento.

Mi hanno detto che bisogna rassegnarsi alla vita, al dolore costante, all'incertezza logorante del vivere comune e quotidiano ... Ma io so che devo mantenermi libero per poter stare con gli altri in modo costruttivo e creativo.

Lo so perché lo sento.

So che la realtà dipende dall'uso che faccio del mio pensiero.

Lo so perché lo sento.

Coltivare la mia mente, far crescere la mia consapevolezza è l'unico modo per far sì che la la realtà prenda la forma di quello che voglio.

Lo so perché lo vivo.

Quello che dentro di me è impalpabile e subitaneo, senza tempo ed evanescente, fuori dalla mente, fuori dal mio limite corporeo, diventa inevitabile, acquista durata e dimensioni studiabili, osservabili da diverse prospettive.

La mente può essere un labirinto di corridoi bui e cunicoli angusti ma la realtà è chiara, densa e tangibile. È per questo che proietto fuori dalla mente quello che penso di essere e do vita ad un corpo, a costrutti sociali, al mondo.

Sostanzialmente quando guardo la realtà attorno a me, sto guardando me stesso. Quando vivo ciò che mi circonda e avvolge, sto vivendo me stesso.

L'aspetto positivo sta nel credere di potermi studiare con risultati maggiori; il rischio che corro, proprio perché quella realtà fisica è proiezione di me, è di affezionarmi a quello che vedo.

È facile affezionarsi alla propria immagine riflessa in uno specchio ... così tanto che spesso mi confondo con quella immagine e finisco con il credere di essere quell'immagine.

Ma un'immagine è bidimensionale, piatta, più semplice da capire rispetto alla mente ma anche più povera, meno precisa della vita vera e per questo non basta mai, per questo voglio un corpo.

La prima idea bislacca alla quale mi prostro ogni giorno è la prepotenza del corpo materiale. Credo che dal corpo provengano vita e pensieri. Mi lascio influenzare dai dettagli della materia, dimentico che quelli sono solo esempi di come posso essere, esempi che svaniscono dopo un po' e che sono materiali solo per un attimo, solo per mio utile personale ... Torneranno presto nel caos delle energie libere.

È come studiare un libro e credere che il suo valore stia nella grammatura della carta, nella rigidità della copertina, nei colori delle immagini e non nei contenuti che quel libro porta nella mia vita. Allo stesso modo il corpo materiale è un semplice contenitore di vita ma sono i pensieri, la loro lucidità, la verità di ognuno di essi a dare valore all'esperienza di vita.

Materia senza consapevolezza è come un libro fatto di pagine bianche, è come una mente che decide di non guardare i suoi pensieri nè internamente, nè esternamente ... Nè quelli leggeri, nè quelli pesanti.

La realtà è difficile da capire perché cambia in continua azione. Mi si presenta come inconfutabile, più grande di me e appena mi affido a lei, cambia e diventa un'altra cosa.

E queste oscillazioni sono continue, seguono un andamento imprevedibile, mi impediscono di vivere in modo comprensibile, quasi che il mio disordine interiore venga continuamente stimolato e ispirato da un disordine esterno. Per questo mi rifugio dentro di me: il mio mondo intimo, anche se personale e illusorio, è più sicuro, tranquillo, facile ... E rimango lì fino a quando il mondo sociale non butta giù le mie protezioni e invade la mia vita con il suo andamento casuale ... ora confuso, ora prevedibile, ora misterioso.

Provo a distrarmi, a seguire una qualche illusione leggera ed evanescente ma poi non posso fare a meno di tornare nel mio corpo, con i piedi di nuovo per terra e rendermi conto che la realtà è sempre lì, identica a quando l'avevo abbandonata. Se non risolvo io la mia realtà, nessuno lo può fare al posto mio ... So che quando riesco a toccare il reale, quando riesco a mantenermi in rapporto coerente con tutto ciò che mi circonda, allora riesco anche a rimanere in contatto coerente e vero con me stesso.

Quando mi sento originale riesco a sentirmi anche coraggioso e lucido ...

Ho costruito la mia realtà personale perché la realtà collettiva è difficile da afferrare. Ho studiato, lavorato e seguito le regole ma la realtà è rimasta sfuggente, scivolosa e impalpabile come la polvere del tempo.

I.b

Costruisco il mio corpo con meticolosa attenzione perché ne ho bisogno. Ho bisogno di sentirmi protetto, schermato da tutto quello che credo stia accadendo attorno a me e così costruisco un corpo come fosse un muro capace di proteggermi dal freddo e dal vento, dal sole e dalla neve.

Lo costruisco come credo che sia giusto, tentando di farlo aderire il più possibile a me, ai miei desideri, ai miei progetti, al tipo di persona che penso di voler e dover essere.

Siccome voglio sentirmi sicuro (sto facendo tutta questa fatica proprio per sentirmi sicuro), cerco di costruire il mio corpo come una macchina precisa e affidabile.

Mi affido completamente alla mia macchina-corpo, la voglio sempre lucida e tagliandata, di ultima generazione, ben equipaggiata e accessoriata.

Questa macchina-corpo mi può salvare da strade sperdute e dissestate, può portarmi fuori dai boschi della paura e dai ghiacciai dell'isolamento ... Questa macchina-corpo può trasportarmi fino alla mia verità, mettermi difronte a me stesso e mettermi in comunicazione con le mie parti più nascoste e profonde, con le mie parti più vere.

La provo, la guido in pista, faccio piccole gite nelle vicinanze ... Se i comandi rispondono  bene mi allontano sempre di più, intraprendo viaggi sempre più coraggiosi e lontani.

Mi avventuro alla ricerca di me stesso nel mondo, negli altri, in ogni piccolo posto sperduto dove credo che ci sia un pezzetto di me ... Io là ci vado, ho bisogno di andarci e vedere con i miei occhi cosa c'è di mio in quel posto, in quella persona ... Non posso farne a meno.

Se non mi cerco sto male, se evito gli altri sto male, se rimando i miei viaggi sto male. Anche se mi dicono che andare là è pericoloso, che probabilmente non tornerò indietro, io ci vado perché me lo devo.

Ho bisogno di mettere insieme tutti i pezzi della mia esperienza di vita e poi ho la mia macchina-corpo che mi può portare ovunque io voglia, mi risparmia tempo e fatica, supera ostacoli e più divento me stesso più riscuote ammirazione e quando passo io la gente si ferma e mi incoraggia, applaude e canta il mio nome perché quando uno di noi riesce a rimettersi insieme anche gli altri si rimettono un po' insieme, quando uno ce la fa, ce la fanno un po' tutti.

I viaggi si fanno sempre più lunghi e complessi e io, in quella macchina, ci passo sempre più tempo.

Lentamente, giorno dopo giorno, mi abituo a stare al volante, seduto sul mio comodo sedile in pelle, con la mia autoradio che trasmette quello che voglio sentire.

Mi abituo all'abitacolo, mi abituo alla posizione, mi abituo a vedere il mondo da dentro la mia macchina-corpo e per un gioco di assuefazione e dipendenza finisco con l'identificarmi con la mia macchina ... Anche se è più precisa di un'immagine, anche se è più ricca nella sua tridimensionalità rispetto a un'immagine bidimensionale, anche se sembra più vera, rimane una proiezione riflesso della mia vera essenza cosciente, ma sono sempre più assuefatto e dipendente.

Io ho bisogno del mio corpo per poterci essere e la mia realtà ha bisogno di me per esistere ... E siccome voglio essere reale costruisco, per bisogno e comodo, un vincolo solido, un legame forte.

L'assuefazione sensoriale mi spinge a pensare che la mia realtà sia tutta la realtà e infine, dopo tanta insistenza il gioco ha inizio.

Alcune volte, in un impeto di generosità e di bisogno di compagnia lascio che qualcuno tocchi la mia macchina-corpo.

La macchina-corpo finisce con il diventare la meta del viaggio di vita.

Impongo il mio ritmo, il mio stile, il mio volere a tutti quelli che hanno a che fare con la mia macchina-corpo e già questo dovrebbe farmi capire che sto forzando la realtà, ma sono identificato con la mia macchina-corpo e tutto quello che accade alla mia macchina, accade a me.

"Non voglio briciole, qui si fuma solo quando voglio io, se ti scappa la pipì te la tieni perché ora ho fretta e non voglio fermarmi, si ascolta la musica che dico io e chiudi il finestrino ..." Finchè ad un certo punto mi ritrovo a guidare solo per il gusto di guidare, non so più dove sto andando, i compagni di viaggio vogliono scendere e io guido in preda a una sorta di incubo cieco e ottuso ... Sto guidando verso il nulla, non vedo più i pezzi di me che brillano per strada, anzi li evito perché potrebbero rallentarmi ... E il gioco continua.

Quando sovrappongo la realtà-macchina-corpo alla verità-coscienza accade proprio questo, divento cieco e insensibile e per risvegliarmi dall'incubo mi do i pizzicotti, mi sento male ... Il dolore cerca di riportarmi alla realtà-verità e se non lo ascolto mi ammalo.

Quando sovrappongo la realtà alla verità è come se coprissi il sole con il palmo della mano pretendendo che questo gesto crei notte attorno a me ... E se gli altri non vogliono dormire, mi arrabbio pure, li minaccio, se tentano di resistere li picchio, riverso su di loro tutto il dolore che sento, tutto il mio male di vivere.

Creo tutta una serie di approssimazioni e banalizzazioni e, anche se in buona fede, la mia vita quotidiana perde il valore di ricerca evolutiva.

Mi fermo e senza rendermene conto inizio a muovermi seguendo una circonferenza chiusa. Sto girando su me stesso e senza nuovi pezzi di me esaurisco il carburante, rischio di fermarmi e inizio a regredire.

In questa realtà tridimensionale e concreta devo relazionarmi con il tempo cronologico, con la forza di gravità e l'attrito ed è impossibile rimanere fermi ...

L'equilibrio non esiste e neppure il moto continuo perpetuo. Se non trovo nuovi pezzi di me che completino la mia ricerca e la mia persona, lentamente inizio a consumarmi.

Come un'automobile lasciata ferma per anni si arrugginisce e consuma nella sua immobilità, così io ho bisogno di evolvere perché se mi fermo regredisco fino a non esserci più.

Nel mio regredire, nel mio girare in cerchio, nel mio sentirmi isolato, nel mio non avere compagnia, nella mia macchina-corpo ora sto male.

La realtà-macchina-corpo che avevo costruito per avere aiuto e raggiungere me stesso in piena sicurezza diventa la mia trappola. I muri che avevo tirato su per proteggermi diventano le mura della mia prigione. Non capisco più cosa ci sto a fare alla guida di questa macchina-corpo ma sono troppo assuefatto e dipendente per riuscire a staccarmene.

Io sono diventato il mio corpo ma la mia vita non è come la volevo.

Non comprendo più la realtà che ho costruito per me.

La realtà-macchina-corpo non serve più, nessuno applaude, nessuno vuole viaggiare con me e io non posso scendere, cioè non riesco a scendere.

Inizio a vivere nel terrore di quello che mi aspetta fuori.

L'avventura di vita in cui la mia macchina-corpo mi permetteva di muovermi diventa un ambiente sconosciuto e pieno di paura.

Soffro perché non comprendo più la realtà che io stesso ho costruito per me. Arrivo a scordare che sono io l'artefice e il costruttore della mia stessa realtà.

Per comodità mista a paura evito di rendermi conto di quello che sta succedendo e in questo modo alimento l'irresponsabilità.

I.c

Sostanzialmente non comprendo la mia realtà perché non la voglio comprendere e tutto quello che potrebbe farmi comprendere lo evito accuratamente.

Evito con attenzione inconscia i discorsi, le persone, le esperienze che potrebbero mettermi difronte alla vera realtà.

... Ho iniziato a vivere di quello che in gergo si chiama "Evitamento".

Evito di guardare per non rendermi conto di come stanno le cose ... non voglio assumermi la responsabilità di quello che io stesso ho creato. Non voglio vedere dove mi hanno condotto le mie scelte. Non voglio capire che sono le mie stesse decisioni a procurarmi insoddisfazione, ansia e insicurezza.

Evito credendo di proteggermi, evito sperando di preservare quel briciolo di energia che ancora mi tiene in vita e non mi rendo conto che sto proprio sacrificando anche quell'ultima riserva di linfa vitale ... Sto sprecando l'opportunità che l'universo mi porge continuamente.

Voglio credere che la materia influenza il mio pensiero e il mio comportamento.

Voglio credere che devo adeguare il mio atteggiamento alle cose che sembrano accadere attorno a me.

Voglio giustificare il pensare drammatico che sviluppo io stesso.

Voglio credere che è la realtà fisicamente concreta a dettare legge e che la durezza della materia è l'unica verità.

Mi convinco che non si può lottare contro la caustica prepotenza del mondo.

Mi dimentico che ho smesso di cercare pezzi di me nel mondo, nelle esperienze, negli altri e mi convinco che nessuno vuole avere a che fare con me e aiutarmi.

*"Io mi impegno, ce la metto tutta, mi applico ma non serve a nulla perché gli altri ce l'hanno con me e mi boicottano, la realtà tutta non ha altro da dirmi se non cose negative e distruttive"* Il mio sentirmi non realizzato diventa colpa e responsabilità degli altri.

La verità è ordine e nell'ordine non esistono conflitti (non c'è spazio nè tempo per i conflitti) e ogni volta che uso il mio libero arbitrio per creare conflitti sto commettendo una infrazione nei confronti dell'ordine. A ogni infrazione corrisponde un debito che in un modo o nell'altro devo saldare per poter procedere, per poter evolvere, e siccome non è possibile stare fermi nel mondo, l'evoluzione è un bisogno che la vita sente in modo impellente e al quale la verità non si sottrae ... Mai.

Creare drammi, conflitti, appaltare le proprie responsabilità ai sistemi sociali o agli altri è un'infrazione che crea un debito forte e la verità mi chiede in continua azione di saldarlo. Non evadere il debito significa aumentarlo e anche i modi che la verità userà per mettermi in grado di ribilanciare lo sbilanciamento si faranno sempre più nitidi e comprensibili passando da un livello teorico mentale a un livello concreto fisico.

Così i disagi si trasformano in malattie.

A questo punto, per poter osservare la verità dovrei scendere dalla mia macchina e camminare di nuovo nella realtà ... ma mi sono impigrito. Mantenere il pensiero concentrato e attento sulla materia può rimettermi sul giusto cammino ma costa fatica e io ho perso l'abitudine a faticare e adesso, per me camminare significa faticare.

Trovo difficile, a tratti impossibile, riuscire a seguire i collegamenti tra pensiero e materia, semplicemente non capisco e, meno capisco, meno mi capisco. Ogni volta che tento di avere a che fare con me, con la realtà, ormai macchina vecchia e non funzionale, ogni volta che cerco e non trovo gli altri, sento solo una stanchezza insopportabile, frustrante e rabbiosa.

Smetto definitivamente di cercarmi perché l'unica cosa che ottengo quando interagisco con pensiero e materia è

confusione, al punto che la vita per me diventa imprevedibilità nevrotica.
Non so più stare attento.

Anche se voglio guarire non ci riesco perché un'idea deve avere tempo per realizzarsi e io ho bisogno di guarire subito. Non ho tempo.
Stabilizzare un'idea e farla diventare un costrutto concreto e sociale richiede energia e tempo.

II

II.a

Ogni essere umano vuole stare bene.

Che cerchi il suo benessere a mente lucida e consapevole o che sia su una strada di sadomasochismo narcisistico, non fa differenza... Sta comunque inseguendo una sua propria forma di benessere.

C'è differenza tra il cercare guarigione evitando sofferenze fisiche o cercarla sottoponendo il corpo materiale a fasi di stress?

... Sembra.

Ci sarebbero differenze se la guarigione fosse un fatto teorico e astratto ... ma se la guarigione fosse vista come movimento che coinvolge tutti i livelli della vita nella ricerca di piacere e benessere, non coinvolgerebbe per prima cosa il libero arbitrio?

Quando sto male, come quando sto bene la domanda non dovrebbe essere la stessa: Cosa voglio io per me stesso? Perché sto vivendo questo stato?

Se tutto si potesse ridurre alla somma ordinata di una serie di sensazioni fisiche, che prendono vita dagli ingranaggi fisiologici del corpo e lì si esauriscono, allora andrebbe bene mettere una distanza e magari una gerarchia di accettabilità tra le diverse modalità che usiamo per ricercare benessere.

... Ma tutti i livelli del vivere sono coinvolti nel perseguire e conseguire benessere ... Le sensazioni materiali e fisiche si riversano nella vita mantenendo alcune qualità concretamente esperibili e concentrandone altre nuove, squisitamente metafisiche, libere nel dominio della mente che è privo di tempo cronologico e con uno spazio a vibrazione più alta rispetto a quelle materiale ...

... Il corpo fisico si muove in un mondo tridimensionale ma "Io" vivo la mia esistenza intera in una materialità rarefatta, uno spazio facilmente plasmabile dal pensiero, mutevole e influenzabile dai salti di coscienza e consapevolezza, dai cambiamenti di umore e di sicurezza.

L'analisi del pensiero e l'osservazione della psiche non sono affrontabili con soli strumenti logico matematici basati su un modello a vibrazione bassa e densità maggiore di quello del pensiero e della psiche. Questi mondi non sono affrontabili con nessuno degli strumenti attualmente ritenuti validi per raggiungere guarigione.

Eppure vanno affrontati anche se sarebbe bello non affrontarli e basta.

Certo ... non proprio "basta così e via", non sto dicendo che sarebbe bello gettare la chiave della nostra mente perché tanto non è comprensibile e viverci questa vita come animali ... "Evviva! Regrediamo felici e contenti perché abbiamo fallito la prova evolutiva che l'universo ci ha proposto. Lasciamo perdere, lasciamoci andare e affoghiamo dolcemente".

No. Questo non ha senso.

E allora cosa possiamo fare?
Come possiamo guarire e continuare la nostra evoluzione?
E cosa significa guarire?

Guarire significa tornare in me stesso.
Guarire significa assumermi la responsabilità di essere qui, adesso e per sempre.
Guarire significa tornare a prendere decisioni consapevoli e creative, scoprire strumenti, vivere realmente questo nuovo livello di esistenza.

Siamo troppo coscienti, vigili, consapevoli.
Ma di cosa?
Siamo vigili, coscienti e consapevoli di quella che riteniamo la realtà della nostra esistenza. Sappiamo applicare regole e tecniche per spingere la realtà a diventare quello che vogliamo ...
... Ma non sempre e non tutti ...

... Per quanto proviamo forme di democrazia, di condivisione, di uguaglianza, la realtà è sempre la stessa ... I sistemi materiali oltre un certo numero di individui crollano.

Certo, se guardiamo con una prospettiva evoluzionista, ad ogni crollo corrisponde una concentrazione di energie e pensiero creativo. L'essere umano, in un qualche modo ce l'ha sempre fatta, rialzandosi e costruendo una nuova società, con nuove consapevolezze capaci di dare vita a nuovi modi e strumenti, a nuove forme con ricerche strutturali ed estetiche mai viste prima, con collettivi numericamente impossibili prima.

Ma se guardiamo il reale con un'ottica universalista, siamo in un momento pensiero che ha una sua peculiare fiorescenza.

Questo fiore, per un attimo è la realtà.

Questo fiore è eterno, avviene sempre e pure non ha inizio.

Che cosa strana.

Come può qualcosa durare eternamente se non ha un inizio?

Per rispondere a queste domande c'è bisogno di comprendere che si può attuare un salto di vibrazione e creare un ponte tra la il livello materiale-fisico e quello psichico-metafisico.

Abbiamo a disposizione una coscienza che sa e può andare al di là del confine fisico, rimettere a posto certe vibrazioni energetiche universali e primordiali dentro al corpo sottile della realtà e poi tornare in se'.

Perché la coscienza possa fare queste cose la mente deve aver compreso il senso profondo e arcano dell'eternità senza inizio.

Perché la mente possa comprendere l'eterno mai iniziato il corpo deve aver fatto esperienza di un tempo nuovo, un tempo ciclico.

Questo tempo ciclico, materia di studio e specializzazione di sciamani, guaritori, religiosi e santi, manipolatori delle masse, imperatori, re, politici e nobili oggi, cioè in questa nuova società che sta emergendo, è a disposizione di tutti gli esseri umani.

Adesso essere umano non significa soltanto dominare la materia di questo mondo ma anche sapersi affacciare sul campo della coscienza e saper maneggiare le energie sottili che ci informano ... La prova è che chi non sa farlo sta male, perde il benessere e vede svanire dalla propria esistenza qualunque forma di piacere.

Certo, la fame allontana dalla possibilità di occuparsi di tempo ciclico ... il freddo, la paura, l'ignoranza, il bisogno spingono a occuparsi di necessità immediate e fanno dimenticare il  vero potere dell'essere umano, e un essere umano senza il suo vero potere tende a regredire ai livelli animali e manipolabili di una vita quotidiana con poco senso.

Chi ignora è facilmente influenzabile da preconcetti e superstizioni, chi ignora si accontenta di piaceri banali e di bassa qualità lasciando i frutti più nutrienti alle mani delicate di chi si può occupare di verità alte ed eterne.

Certo, il piacere si può rendere più materiale per farsi percepire ma il corpo fisico ha dei limiti di cui la psiche, sinceramente si infischia, la nostra psiche vuole di più, vuole viaggiare a velocità che il corpo fisico non riesce a reggere ... E proprio perché abbiamo una psiche sempre più cosciente, sempre più espansa, sempre più potente, il corpo si rende sempre più consapevole della sua distanza dal vero piacere e si ammala sempre di più e di malanni sempre più forti, solo per comunicarci che si può, e adesso si deve, vivere in altri modi, in altri mondi, con altri movimenti fisici, psichici ed energetici.

La via non è più quella del solo corpo anche se bisogna sempre ricordare che il corpo rimane parte integrante della esperienza di vita.

C'è bisogno di spostare la vita verso ambiti più metafisici e coscienti senza però perdere il contatto con il corpo.

... È molto più semplice di quello che può sembrare ...

Spingere la consapevolezza cosciente nella metafisica e mantenere il corpo nella fisica è il movimento più naturale che possiamo fare e siccome la natura è semplice per definizione, anche questa modalità di vita è semplice.

È sufficiente imparare le tecniche adatte per essere simultaneamente nel corpo concentrato (fisico) e nel corpo espanso (coscienza) e da questa simultaneità vedere costantemente il senso della vita ...

È sufficiente mettere in pratica quelle tecniche che fino a pochi anni fa erano dominio esclusivo degli sciamani e dei consiglieri dei potenti ...

Oggi il potere della semplicità naturale, della guarigione e della consapevolezza è a disposizione di tutti quelli che vogliono guarire.

Per diventare super umani è sufficiente evolvere il modo di pensare e mentre lo facciamo, imparare a rispettare la consapevolezza corporea.


II.b
Il benessere si percepisce come piacere.


Se "benessere" sembra una dimensione mistica e distante dalla vita di tutti i giorni, difficile da raggiungere e da mantenere, parola abusata e logora, newagica e marketing, allora "piacere" può aiutarci a fare luce sulla nostra abilità di stare bene, sulla capacità che abbiamo di creare vita, esperienza e soddisfazione.

Uno stato d'animo aperto e piacevolmente soddisfatto si accompagna al benessere concreto.

Quando sentiamo piacere siamo ben instradati verso il nostro benessere.

Il piacere viene stimolato dalla percezione di una condizione positiva fisico-materiale e metafisico-spirituale e porta a diverse forme di creatività.

Il piacere è l'esperienza umana caratterizzata da sensazioni opposte allo stato di dolore anche se per implicazioni morali ed etiche viene studiato e valorizzato meno del dolore.

Pare che il dolore abbia un potere trascendente maggiore per la sua capacità di spingere a riflessioni di cambiamento ed evoluzione. In un qualche modo quando soffriamo siamo internamente motivati a cambiare il nostro stato per raggiungere una assenza di dolore.

Quando invece proviamo piacere desideriamo restare in questa sensazione, in questo stato d'animo, in questa esperienza di vita e ci piace non porci domande, come se il piacere fosse caduto casualmente dall'alto ... Manna dal cielo.

Eppure l'unica valida obiezione a una vita di piacere posso vederla nell'associare il piacere alla dissolutezza e agli eccessi, cosa che per senso di colpa di solito facciamo ...

Se liberiamo il piacere da questo legame vincolante con eccesso e stile di vita dissoluto possiamo recuperare un significato di piacere che tende alla soluzione dei conflitti corporei e mentali e alla trascendenza dei più comuni e diffusi dolori di vita.

Benessere e piacere combattono e risolvono le infiammazioni nella mente e nel corpo umani.

Se il benessere è la meta, il piacere si può vedere come la bussola che indica la strada corretta per raggiungere tale meta.

Quando la vita umana è composta di piacere e benessere allora è semplice osservare e capire la realtà ... Sotto molti punti di vista si può pensare, addirittura, che è proprio il guardare la vera realtà senza veli che rende la vita, benessere e piacere.

L'assenza di infiammazioni corporee permette l'annullamento delle distrazioni inutili e la risoluzione delle infiammazioni psichiche consente una concentrazione maggiore sul raggiungimento dei propri obiettivi.

In questo modo la coscienza riesce a rimanere sveglia per periodi prolungati e il suo occhio vigile riesce a osservare anche quei temi che prima spaventavano e conducevano a comportamenti devianti ed evitanti.

L'uomo che sta bene e prova piacere non ha motivi per separarsi dagli altri, ha voglia di stare nella realtà e sente che la sua vita è vera (sta vivendo un'esperienza di vita che ha un senso).

È sufficiente avere la volontà di vivere perché le infiammazioni del corpo vengano risolte dai naturali processi fisiologici di pulizia e riassetto vitale.

I processi di guarigione naturale avvengono soltanto in sistemi aperti e collocati secondo la loro natura profonda.

Quando l'essere umano è in se', quando rappresenta il suo potenziale più vero e spontaneo, allora svela il suo potere di equilibrio eterno.

La logica umana si priva in continua azione del suo "naturalmente equilibrato ed eterno" perché non ha ancora raggiunto il livello di logica universale e quindi si nutre delle polarità fisiche e materiali basate sul "se tu ... allora io ...", sul "o ... o ...".

Un sistema chiuso e non in linea con la sua propria natura non è nel benessere e non prova (sente) piacere.

Questo sistema è squilibrato e subisce pesantemente gli effetti della forza di gravità e del tempo cronologico, questo perché è chiuso e collocato non secondo la sua propria natura. Subendo la gravità e l'inesorabile tempo cronologico soffre, conduce una esperienza di vita fatta di dramma e ansia, dolore e solitudine isolata, invecchia, si ammala e muore.

Un sistema lontano dal benessere e dal piacere perde la voglia e la volontà di osservare e capire la realtà.

Un sistema che si muove nel malessere si infiamma (il che lo allontana ancora di più da una forma percepibile di benessere), non ha voglia di stare nella realtà, sente di vivere una esperienza di vita senza senso ... Si ammala e sente il tempo come limite.

III
III.a
Volontà come Carburante Vitale

In ogni sistema vivente umano ci sono indicatori che vanno studiati e capiti per poter comprendere lo stato e le possibilità evolutive del sistema stesso.

La Volontà è uno di questi parametri.

La Volontà è il perfezionamento, nel mondo umano, della percezione di **Tempo**. Volontà è l'approssimazione più precisa che l'uomo può pensare dell'energia **Tempo**.

Il **Tempo** nella sua vera essenza di energia libera è ciò che permette di dare forma a un'idea. Ci vuole **Tempo** perché un'idea diventi concreta e acquisti dimensioni misurabili nella realtà di tutti i giorni.

Ciò che permette di dare **Tempo** a un'idea perché diventi concreta è un insieme di parametri tra i quali c'è, come carburante essenziale senza il quale non c'è movimento, la Volontà e questa Volontà può essere osservata come il contenitore di azione e non azione.

Il **Tempo** di per se' contiene situazioni in cui "Agire" è comportarsi nel pieno rispetto del tempo vissuto e altre in cui è il "Non Agire" a delineare il comportamento adatto.

*"Per Volontà si intende la capacità di una persona di determinare una o più azioni dirette a uno scopo specifico. La Volontà consiste quindi nel fine, o i fini, che lo spirito umano si propone di realizzare nella sua vita, o specificamente anche nelle sue azioni semplici e quotidiane. Generalmente la Volontà rappresenta la determinazione di una persona a raggiungere con sufficiente convinzione un determinato obiettivo.*
*Da un punto di vista esclusivo, la Volontà di una persona è la sua capacità di non farsi condizionare dalle altre persone, in questo senso, la Volontà si può accomunare alla parola assertività."* Wikipedia, contenuto a disposizione di tutti

La Volontà si ferma se non è supportata da atteggiamenti adeguati, da parametri propositivi, da una ricerca continua che porta l'individuo a confrontarsi con aspetti del suo divenire che hanno tratti universali e riscontrabili in ogni sistema vivente.

La Volontà personale può essere compromessa o stimolata da:

-Autostima: porta la persona a una sorta di autovalutazione consapevole basata sulla percezione personale del proprio valore. Il nostro senso di autostima è fondato su elementi cognitivi (ciò che conosco di me e delle situazioni che vivo); elementi affettivi (la capacità che ho di provare e accogliere sentimenti nitidi, ben interpretati e che mi rendono leggero); elementi sociali ("appartenere a ..." , influenzare una comunità o gruppo e ricevere approvazione o no dai componenti di tale comunità)

-Stile Comunicazionale Adeguato e Autentico che mi permetta di manifestare chiaramente le mie emozioni. In questo caso la comunicazione verbale e corporea coincidono, portano alle stesse conclusioni, non sono in contrasto

-Capacità di Ascolto con apertura e considerazione di chi parla, ricordando di sottolineare l'ascolto con messaggi di ricezione (sintetizzare ciò di cui si parla, annuire, usare comunicazione oculare)

-Empatia: saper assumere il punto di osservazione dell'interlocutore per capire cosa vede.

A condizionare in modo prevalentemente negativo la capacità di sviluppare Volontà ci sono una serie di fattori che si possono riassumere in:

-Apprendimento negativo desunto da osservazione di comportamenti non virtuosi di genitori, familiari, insegnanti

-Esperienze di vita quotidiana, quindi anche semplici, che hanno suscitato stati di ansia

-Educazione rigida, basata su schemi fissi e ideali, proibizioni e preconcetti, distante dalla vita come esperienza diretta ... Educazione che non valorizza la persona e che mette in secondo piano i suoi diritti basilari
-Sviluppo di superstizioni, falsi miti, credenze popolari o pensieri irrazionali
-Orizzonti ottusi, limitati che alimentano la sensazione di "non avere le capacità di/per ..."
-Incapacità di avere più visioni prospettiche su un argomento (non saper cambiare punto di osservazione)

È possibile intervenire in modo efficace e stimolare la Volontà.
Possiamo, per esempio, tener conto del fatto che la Volontà è stimolata dalla costanza nel **Tempo**, dalla capacità di prendere decisioni coerenti che si riveleranno sagge e giuste. In questo modo il **Tempo** acquisisce il suo valore epifanico, una vera e propria rivelazione che accade ogni istante di vita.
Se "Agisco" e sono in linea con il ritmo naturale, allora sto facendo bene.
Se "Non Agisco" e sono in linea con il tempo naturale, allora sto facendo bene.

Non esistono scelte giuste se non inserite in un ADESSO.

III.b
Volontà come unione di **Azione** e **Non Azione**

Di per se' esiste un solo tempo che racchiude in maniera naturale l'**Azione** (che nelle funzioni naturali è un culmine dinamico) e la **Non Azione** (riposo o concentrazione). Nessuno può veramente dirmi quando è il mio momento di agire e nessuno può veramente dirmi quando devo smettere di fare qualcosa. Solo io ho il diritto e il dovere di sentire quando è il momento giusto di mettermi in moto e quando arriva il momento di smettere di muovermi.

L'inverno è il momento di riposo riflessivo durante il quale si concentrano quelle energie che poi sprigioneranno forza e potere, fiori e frutti, nel momento di culmine dinamico, tra la primavera e l'estate.

È fondamentale ricordare e tenere a mente che senza concentrazione (riposo) non ci potrà essere espansione (sbocciare, fiorire, manifestazione). Ed è anche vero che senza espansione (culmine dinamico) non potrà esserci concentrazione (riflessione silente).

In questa visione gli opposti non si combattono, non si escludono, non vivono l'uno della morte dell'altro, anzi si completano ... Questo secondo una logica naturale e cosmica.

Quando applico una logica scientifico-umana tutto sembra diventare più difficile perché la logica umana si è privata del naturalmente equilibrato ed eterno.

L'uomo è convinto di "dover pensare" ... tramite il pensiero logico l'equilibrio e l'eterno non sono acciuffabili.

Non sono acciuffabili perché nel pensare umano vengono usate logiche scientifiche limitate al mondo conosciuto e/o creato dai sensi, mentre la coscienza umana si muove e vive anche in dimensioni che nulla hanno a che fare con i sensi fisici come, per esempio, il mondo spirituale, quello emotivo e quello psichico.

Il tempo è azione più non azione ... E per tornare nella mia spontanea intelligenza naturale posso accettare con garbo questa apparente polarità.

Azione e non azione sono semplicemente la stessa cosa: la scelta giusta inserita in un adesso che comprendo e gestisco in modo sereno e spontaneamente sicuro.

Comprendo la realtà e non ho paura dei suoi apparenti salti di senso, mi sento sicuro e sereno nel mondo in cui vivo ... per raggiungere questa serenità l'uomo accumula sicurezze materiali che nulla hanno a che fare con il comprendere la realtà. Per comprendere la realtà ho bisogno di "Sentirmi Pronto" a comprendere, affrontare e gestire i suoi mutamenti apparenti che altro non sono se non un riflesso dei miei mutamenti che si manifestano.

Se non riesco ad accettare con garbo e serenità questa apparente polarità non riuscirò neppure a essere naturale: azione e non azione non sono più la stessa cosa.

Non comprendo la realtà perché ho perso l'unità originale.

Disperato, alla ricerca di una verità che non è più dentro alle cose, alla vita, a me ... Continuerò a dividere, creare differenze e distanza tra le cose.

Mi dirò e dirò agli altri che lo sto facendo per capire, per orientarmi, per tornare nel benessere e nel piacere, ma sto solo frantumando la realtà che dovrebbe essermi amica e guida.

IV
IV.a
Fiducia come Acceleratore di Coscienza

Se la <u>Volontà</u> è lo strumento che può condurre l'essere umano a una piena realizzazione nel benessere e nel piacere, la <u>Fiducia</u> è il carburante acceleratore di questo strumento/mezzo/veicolo.
La <u>Volontà</u> si mostra come il mezzo di locomozione più sicuro e certo per muoversi nella realtà e raggiungere la propria realizzazione e come ogni mezzo di locomozione ha bisogno di manutenzione e carburante per muoversi altrimenti rischia il blocco.
La manutenzione e il carburante sono fondamentali per raggiungere la meta del viaggio, cioè l'auto-realizzazione.
Ma cosa significa auto-realizzazione?
Significa sentirsi, vivere nella consapevolezza che si stanno mettendo in atto i propri pensieri, i propri sogni, che ci si sta muovendo verso di se'.
Solo in questo modo, solo se sono in me e mi sento in me la mia esistenza acquista il suo senso ... ogni mio pensiero, gesto, obiettivo appare coordinato e coerente e ogni mia esperienza è un'esperienza che porta chiarezza e completezza nel mio cammino di vita.
Non esiste una via di mezzo, non si raggiunge la libertà lasciandosi imprigionare, non si può fare il proprio male pensando che poi si raggiungerà il proprio bene. Non è una questione di compromessi, la vita è una questione di auto-creazione, di decisioni consapevoli, di lucidità nella percezione di se stessi e della realtà ... Solo così posso arrivare a fidarmi di me stesso e solo quando mi fido di me posso pensare di fidarmi del mio modo di leggere la vita e la realtà.
Solo se mi fido di me stesso e degli altri "io mi sento meglio", e posso sentire meglio la voce della mia coscienza che mi orienta verso me stesso. Solo quando collaboro con

me stesso posso collaborare con gli altri, solo quando mi fido di me posso realmente fidarmi degli altri.

In questa prospettiva la Fiducia è il carburante acceleratore del mio strumento Volontà.

Ciò che la Volontà mi fa mettere a fuoco, la Fiducia mi aiuta a raggiungerlo permettendo accelerazioni e decelerazioni istantanee.

IV.b
Composizione e gestione della Fiducia

La Fiducia è il perfezionamento del rapporto personale con il **Talento** di vita.

È un " ... *atteggiamento, verso altri o verso se stessi, che risulta da una valutazione positiva di fatti, circostanze, relazioni, per cui si confida nelle altrui o proprie possibilità e che generalmente produce un sentimento di sicurezza e tranquillità.*" (dizionario Treccani).

È la possibilità che ognuno di noi dona a se stesso di provare sentimenti positivi, creativi e propositivi nei confronti degli altri. È il permesso che ognuno si concede di scorgere dentro di se' e dentro al comportamento degli altri scintille di buona predisposizione ... Decidere di offrire a se stessi e a ogni essere umano l'opportunità di rappresentare la parte migliore di se stesso ... E quando gli esseri umani hanno l'opportunità di dare il meglio di se', solitamente lo fanno.

*"... La Fiducia non si acquista per mezzo della forza e neppure si ottiene con le sole dichiarazioni. La Fiducia Bisogna meritarla con gesti e fatti concreti"*
                                                    (Papa Giovanni Paolo II).

Ogni giorno possiamo cercare e ritrovare la fiducia essenziale nel **Talento** che abbiamo a disposizione per creare e condividere vita.

In modo spontaneo il nostro corpo vive la vita ... Nello stesso modo la mente ci orienta per recuperare, quando è persa, quella spontaneità che crea un ambiente favorevole per esprimere il **Talento**, per lasciar fiorire le capacità, le attitudini naturali che tutti abbiamo a disposizione.

Non abbiamo bisogno di fare sforzi per vivere ... Anzi è proprio il contrario, dobbiamo smettere di compiere sforzi per vivere ... Solo quando smettiamo di sforzarci iniziamo veramente a percepire le possibilità che abbiamo a disposizione e queste possibilità vogliono trasformarsi in **Talento** attivo, risorse concrete.

IV.c
**Talento** come unità di **Esperienza** e **Non Esperienza**.

Il **Talento** che ogni essere umano ha può essere espresso, attivo e palese oppure può essere latente e nascosto.

I mondo del Talento, di per se', contiene l'attitudine a fare **Esperienza**, movimento che risveglia in continua azione nuovi talenti e contiene anche la spinta a **Non** fare **Esperienza**, movimento che è capace di far riaddormentare anche i talenti attivi, oltre a tenere dormienti quelli latenti.

È solo la disponibilità a fare **Esperienza** continua di vita, di se stessi, che può risvegliare e tenere attivi tutti i talenti di cui la vita stessa necessita per creare un'esperienza di benessere e piacere.

Non esiste vero **Talento** se non inserito in una **Esperienza** di Fiducia consapevole.

Di per se' esiste un solo tipo di **Talento** e cioè l'abilità innata a fare bene qualcosa, inclinazione naturale di una persona a fare bene una certa attività.

Il **Talento** più grande consiste nel vivere piene esperienze di benessere e piacere ... Tutti gli esseri umani hanno questa innata abilità.

Se questo **Talento** si assopisce iniziano i guai e un qualunque ostacolo diventa una crisi esistenziale profonda. Abbiamo la capacità naturale di seguire le esperienze vitali e costruttive, quelle che ci possono dare un senso piacevole, un significato personale di cui essere soddisfatti e fieri. Siamo anche capaci di evitare di impelagarci in esperienze che non portano nulla e non portano a nulla.

Il **Talento** è la capacità di renderci conto che la vita è l'occasione di fare di noi stessi dei realizzatori, dei creatori di vita stessa.

Quando il **Talento** porta all'**Esperienza** allora posso serenamente accettare la realtà e questo crea un naturale clima di <u>Fiducia</u>: Mi fido di me ... Mi fido dei miei sensi ... Mi fido delle mie riflessioni ... Mi fido delle mie decisioni ... Fidarmi degli altri mi viene spontaneo.

Quando il **Talento** non conduce a **Esperienza** di vita, tende a tornare al suo stato latente.

Lasciare assopire un **Talento** significa non coltivarlo, significa non coltivare la propria possibilità di realizzazione, significa scegliere la **Non Esperienza**, significa scegliere di <u>Evitare</u> la realtà anziché comprenderla.

La consapevolezza di vita lascia spazio a un banale giudizio.

Decido di giudicare ciò che accade e che faccio accadere.

Giudico i miei sensi, giudico le mie decisioni, giudico me stesso e giudico gli altri.

"Ah cieca umana mente come i giudizi tuoi son vani e torti".
Torquato Tasso

"È il voler giudicare che ci sconfigge".
Col. Kurtz, Apocalypse Now

"Ecco il giudicio umano come spesso erra".
Ludovico Ariosto

"Non capite se giudicate".
Lev Tolstoj

"Non giudicate per non essere giudicati, perché col giudizio con cui giudicate sarete giudicati, e con la misura con la quale misurate sarete misurati".

Gesù, Discorso della montagna

Quando giudico non mi fido di me, costruisco realtà illusorie dietro cui nascondere le mie insicurezze. Non mi fido delle mie scelte libere ... E fidarmi degli altri diventa difficile, addirittura impossibile.

Quando provo <u>Fiducia</u> vivo in un clima di serenità e consapevolezza, tendo a dire bene della vita, ho buon umore e lucidità.
Sono disposto a riconoscermi nella realtà per continuare l'esperienza vitale e i talenti si amplificano.
Quando provo sfiducia vivo in un ambiente di isolamento, dico male della vita.
Basterebbe riconoscere per iniziare a correggere ... Ma sono caduto nell'evitamento.

V
V.a
Apertura come Sicurezza di vita.

Se la Volontà è il mezzo, il veicolo che può condurmi a realizzazione, benessere e piacere; se la Fiducia è l'acceleratore che può rifornire e nutrire questo veicolo, velocizzando il viaggio verso me stesso e verso la pienezza della mia esperienza di vita; allora l'Apertura è il sistema di controllo che rende sicuro questo veicolo.
Apertura è disporsi in modo da occupare con la propria attenzione più spazio possibile. Solo quando sono in una attitudine aperta sono disponibile a far entrare informazioni dal mondo che mi circonda. I sensi sono vigili, attenti, pronti a captare mutamenti dell'ambiente nel quale mi sto muovendo e i nervi sono in grado di far scorrere tutta l'elettricità che mi serve per intervenire in modo pronto e consapevole. Apertura significa essere in grado di monitorare tanto il mio ambiente interiore quanto l'ambiente esterno che mi compete. Quando sono aperto riesco a fluire con semplicità naturale dal mio dentro al mio fuori risolvendo con rapidità e pertinenza tutti quei blocchi che potrebbero trasformarsi in ostacoli.

V.b
Apertura come gestione dello **Spazio**.

Apertura è il perfezionamento della percezione personale dello **Spazio**.
Lo **Spazio**, di per se', è composto dai luoghi conosciuti in cui è facile orientarsi e sentirsi a proprio agio, sicuri e protetti e dai luoghi non conosciuti in cui orientarsi diventa più difficile. È semplice intuire come le esperienze personali e le azioni volontarie possano rendere conosciuto e sicuro uno spazio che poco prima non lo era.
Altrettanto semplice è capire (intuire) che le non esperienze (cioè le esperienze negate ed evitate) e le non azioni

(blocchi personali e collettivi non gestiti) possano rendere insicuro uno **Spazio** conosciuto.

Lo **Spazio** diventa in questo modo una mia attitudine personale e intima che ha molto a che fare con la realtà tridimensionale che mi circonda ma che non riguarda soltanto il piano fisico materiale. Lo **Spazio** che mi avvolge dipende moltissimo da quelle che sono le mie abilità nel percepirlo, dalle emozioni che vado sovrapponendo ai diversi dettagli che compongono quel territorio. Più lo spazio mi risulta familiare e accogliente e più riesco a muovermici a mio agio cogliendo sfumature della realtà che possono nutrire e accrescere anche la mia Volontà e Fiducia.

Non esiste **Conoscenza** se non in un ambiente di sicurezza.

La Volontà e la Fiducia lavorano in modo attivo e retroattivo sulla creazione di sicurezza e **Conoscenza**, agendo sulla capacità personale e intima di gestire la propria apertura e la propria chiusura.

Non esiste Sicurezza che non sia legata alla voglia di conoscere.

V.c
**Spazio** come unità di **Conoscenza** e **Non Conoscenza**

Di per se' esiste un solo **Spazio** che contiene il conoscere e il non conoscere.

È fondamentale e necessario conoscere lo spazio in cui decido di vivere il mio adesso; non sempre è necessario conoscere gli spazi in cui non voglio muovermi.

Ci sono territori che posso immaginare senza il bisogno di verificare concretamente se l'idea che mi sono fatto corrisponde a vera realtà, possono essere spazi di illusione, di sogno o di immaginazione fine a se stessa ... Il discorso cambia quando mi riferisco a territori che voglio percorrere, nei quali voglio realizzare un progetto o incontrare qualcosa o qualcuno. Di questi spazi dovrò avere anche una consapevolezza vera e concreta, avrò bisogno di sapere su che tipo di superficie mi ritroverò a camminare, che clima incontrerò, quanti e quali gli ostacoli che dovrò superare.

Conoscere uno spazio significa essere disposto a scoprire, decidere di voler aprire e scoprire le qualità che lo compongono proprio per comprendere meglio la mia stessa vita, le mie azioni e le mie esperienze vitali.

Decidere di scoprire conduce in modo naturale ad uno stato d'animo aperto.
L'Apertura spinge spontaneamente a dire bene della vita e riconoscere per continuare viene naturale.

Quando decido di evitare di conoscere lo spazio della mia vita, sto decidendo di ignorare me stesso, i miei bisogni e la mia natura e questo conduce in modo naturale ad uno stato d'animo di chiusura e rassegnazione.
In uno stato di chiusura diventa facile maledire la vita ... e riconoscere per correggere si allontana dalle mie possibilità spontanee.

Outro

Vivere nel Benessere e nel Piacere diventa semplice e funzionale gestione di

Tempo          Talento          Spazio

Che se ben compresi e utilizzati possono condurre, con serenità a:

Volontà          Fiducia          Apertura

Questi concetti, affrontati e sintetizzati sanno creare una vita di cui non possiamo che dire bene. Quando bene-dico la mia vita sto compiendo un vero e proprio atto di riconoscimento di me stesso ... E quando io sono pronto a riconoscere me, allora tutto e tutti sono pronti a riconoscermi.

Se non vengono ben compresi e mal usati conducono a un ambiente di vita depressivo e rassegnato e questo porta a:

Mollezza          Sfiducia          Chiusura

Che insieme finiscono con il creare un ambiente vitale di cui riusco solo a dire male.

Quando male-dico la mia vita sto compiendo un vero e proprio autoboicottaggio. Decido di non riconoscermi e in automatico nessuno mi riconoscerà. Correggermi da solo diventa difficile e pericoloso.

Eppure mi rendo conto che vita, benessere e piacere sono miei e a portata di mano solo quando sono a rischio, quando qualcosa o qualcuno minaccia di levarmeli. Un po' come l'ossigeno che tendo a dare per scontato fino a che non mi ammalo per l'inquinamento o qualcuno non tenta di vendermelo. Così anche la vita, il benessere e il piacere sembrano diritti di ogni essere umano, ci piace pensarlo e illuderci che sia così.

Ci impegnamo per non renderci conto che non sono diritti di nessuno ... Semmai vita, benessere e piacere sono opportunità.
Posso sempre ricordare che la mia Volontà è intima alleata con il Tempo e che il Tempo è caratterizzato dalla mia abilità di meditare sull'Azione e la Non Azione ...
Che la mia Fiducia è profondamente influenzata dall'uso che faccio del Talento e che il Talento lo posso alimentare e tenere sveglio meditando sulla mia personale capacità di fare Esperienza e Non fare Esperienza ...
Che la mia Apertura è legata alla mia percezione dello Spazio che mi stimola a, ed è stimolato dal Conoscere e Non Conoscere.

Una buona abilità di meditare su questi concetti dovrebbe mettermi in grado di vivere bene e nel piacere ...

Che cosa ci allontana dalla vita, dal benessere e dal piacere?
Come possiamo preservare e potenziare Volontà personale, Libero Arbitrio e le Esperienze che affrontiamo?
Come possiamo rimanere Aperti?
Come si fa per vibrare al proprio Tempo/Ritmo?

VI.

Fondamentalmente riuscire ad essere se stessi dipende da cose/parametri molto concreti. Guardati con occhio attento potrebbero definirsi addirittura parametri scientifici, provabili, inconfutabili e legati a logiche assolutamente concrete e materiali. L'ambiente nel quale l'essere umano cresce e sviluppa il suo intelletto, l'educazione e gli esempi che riceve dalla famiglia, dalla società che lo circonda, le abitudini che eredita dai vari sistemi che costituiscono la sua quotidianità sono stimoli che lo possono portare ad esprimere positivamente e creativamente il dna che vibra dentro ogni sua cellula. In questo modo ciò che potenzialmente sono trova espressione come riverbero con tutto quello che mi circonda. Invitato in modo gentile e semplice mi esprimo con disinvoltura e la fiducia, l'apertura e la conoscenza sono naturali, conseguenza spontanea del mio sentirmi sereno e immerso in una realtà felice. Questa realtà felice non mi spaventa e fiorire in tutto il mio splendore non solo è possibile ma direi quasi inevitabile. Circondato da esempi di esseri pienamente realizzati nella semplicità naturale, anche io sarò semplice naturalmente e quindi sarà inevitabile per me essere me stesso.
Questo mondo sereno e felice, nel quotidiano violento e concreto non esiste. Perché?

La prima risposta che mi viene alle labbra è la seguente: la vita di tutti i giorni dipende profondamente e inevitabilmente dalla fortuna. Posso nascere in un clima sereno, mediamente sereno o nevrotico e a seconda di quanti sistemi del reale sono coinvolti in questa serenità alta, media o inesistente la mia vita prenderà una certa piega.
Posso nascere in una periferia infelice di una grande città problematica, essere il tredicesimo figlio di una famiglia particolarmente disagiata e violenta, ereditare tratti somatici definiti brutti (mio fratello può essere biondino, bianco, con gli occhi azzurri e il nasino all'insù, ereditato

dal bisnonno materno mentre io posso essere scuro, peloso, con una nappa che fa provincia); la città può essere la capitale caotica di un paese del terzo mondo ... Ma posso anche essere nella stessa città, nei quartieri alti, figlio unico di una famiglia dove la madre si dedica totalmente alla cura della casa e della prole, frequentare scuole di stampo inglese e avere la possibilità, ogni estate, di trascorrere tre mesi in viaggio per località di mare, magari ad un certo punto mi mandano pure a fare l'università a Londra e la mia vita può prendere una piega totalmente diversa da quella del modello precedente. Ma posso anche nascere in una cittadina benestante, essere il figlio di mezzo di una famiglia mediamente acculturata che farà sforzi per farmi studiare, essere curato senza troppa pressione, poter giocare nelle campagne ed essere circondato da decine di ragazzini che stanno più o meno nella mia stessa situazione. Questi tre esempi, tra l'altro volutamente eccessivi nella loro sfortuna, fortuna e banalità sono alcuni dei modelli che potrei trovarmi a vivere. Ce ne sono altri decisamente peggiori e altri ancora splendidi a confronto con quelli descritti. Tutto sembra dipendere dalla botta di fortuna che accompagna la mia venuta in questo mondo e a seconda di quanti livelli della mia vita sono coinvolti da questa fortuna cieca, la mia vita prenderà una piega invece che un'altra.

La fortuna, descritta nella cultura occidentale come una dea bendata, parrebbe cieca e distante dalle necessità degli esseri umani. Può caderti addosso oppure no ... Sono cresciuto con le gomme da masticare che portavano impressa nella carta che le avvolgeva una scritta a descrivere il premio che avevi vinto ... Quasi sempre, se non addirittura sempre e basta, io ho letto la frase "Ritenta ... Sarai più fortunato" tanto che da adulto non ho sviluppato una grande simpatia per i giochi a premio e d'azzardo. Piuttosto che comprare un biglietto del gratta e vinci preferisco mangiarmi un panino, soddisfazione immediata che oltretutto calma la fame e mi permette di andare avanti qualche ora in più. Questa è la cruda realtà, siamo fatti dalle nostre decisioni, da quello che decidiamo di istante in istante, dalle direzioni che intraprendiamo, dal modo in cui decidiamo di viaggiare su questa terra.

Sembriamo dipendere dal luogo dove nasciamo, dalle persone che ci circondano, dalle strutture alle quali abbiamo accesso, dal tipo e dal livello della cultura che ci avvolge ma in realtà siamo noi che decidiamo di voler dipendere da questi fattori e lasciamo che siano i sistemi umani a governare la nostra vita presente, passata e futura.

Siamo noi a decidere se, quando e quanto lasciarci illudere dalla realtà che ci circonda ...

Eppure avere fortuna si può vedere come una funzione istantanea dei concetti che abbiamo visto poco fa, avere le cose giuste (Talento), nel posto giusto (Spazio) e nel momento giusto (Tempo). Se riesco a declinare questa funzione nel momento in cui vivo, cioè nel momento istantaneo in cui ho bisogno di essere fortunato, sarò padrone della mia stessa fortuna.

Ognuno di noi decide, in totale autonomia se e da cosa vuole dipendere e la decisione stessa dipende dal livello di facilitazione che crediamo di poter ottenere dalle nostre dipendenze.

Questo è il male.

Abbiamo un solo grande dono universale che si chiama libero arbitrio e dal modo in cui usiamo il nostro libero arbitrio emergono quelle qualità che daranno senso alla nostra vita presente, passata e futura. Come decidiamo di dipendere, così, allo stesso modo possiamo decidere di essere liberi.

Questo è il bene.

VII.
Realtà come vita infinita

La realtà che mi circonda dipende da come la osservo.
Gli oggetti, le strutture, le esperienze che compongono il mio quotidiano, che danno un valore a quello che io chiamo vita possono essere guardati, toccati, provati da diversi punti di vista, da differenti posizioni e ogni posizione che io vado cambiando, ogni punto di vista che assumo, partecipano a migliorare la mia comprensione della realtà.
Ogni punto nel quale mi metto e osservo mette a disposizione il suo piccolo, relativo, soggettivo e inevitabile contributo nella descrizione dell'insieme.
Uno stesso oggetto osservato da angolature differenti apparirà diverso a ogni cambio di posizione osservante.
Se guardo la mia città dalla strada nella quale vivo, dal marciapiede dove si apre la porta di casa mia, vedrò una via con il suo andirivieni, portoni conosciuti, negozi che sono punti fermi e sicuri, dei quali conosco gestori e commessi, beni venduti e probabili magazzini; se salgo di dieci piani e osservo la stessa strada vedrò un'altra immagine di insieme e altri dettagli, la vista arriverà a una distanza maggiore riuscendo ad abbracciare anche porzioni di vie vicine e potrò avere una idea più espansa del mio quartiere; se salgo di altri dieci piani avrò accesso a un'immagine ancora maggiore con dettagli ancora più diversificati. In alcuni scorci riuscirò addirittura a vedere brani dei quartieri confinanti con il mio.
Se invece di affacciarmi su un solo lato dell'edificio posso usare anche altre direzioni di visione, vedrò che la città si sviluppa anche in altri modi e forme, coprendo l'est, l'ovest, il nord e il sud.
Se nel mio quartiere c'è un edificio alto come la torre Eiffel, allora l'immagine della mia città sarà incredibilmente ampia e vedrò un insieme di quartieri, palazzi, strade, probabilmente ponti e sopraelevate, migliaia di persone che si muovono ...

Mano a mano che vado salendo la consapevolezza di dove sono andrà aumentando e se dovessi descrivere la mia città a qualcuno che non c'è mai stato, probabilmente se uso solo le informazioni del livello strada e poi quelle della vista torre descriverò due posti completamente diversi.

Mettendo insieme le diverse immagini che i sensi hanno a disposizione posso avere una visione sempre più completa dell'oggetto in questione.

Il gioco si fa ancora più interessante se l'oggetto si muove.

Prendiamo ad esempio una farfalla che si è posata su un fiore ... io ho iniziato a osservarla quando già era su quei petali. Vedo le due ali combaciare una sull'altra, in posizione verticale, tanto da sembrare una cosa sola, vedo quello che è il sotto delle sue ali e anche se giro attorno all'oggetto continuerò a vedere la stessa cosa. Il suo corpo mi apparirà di una certa forma e dimensione, posso vedere la sua lunga proboscide srotolarsi per succhiare il nettare e poi ... Quando riprende il volo quello stesso insetto mi apparirà completamente differente. Le sue ali veloci si moltiplicano alla mia vista, i colori cambiano intensità, il corpo ha un'altra forma, una nuova proporzione.

Così accade a tutta la vita. Il movimento muta forme, proporzioni e strutture fino a far sembrare tutto un'altra cosa a seconda del momento in cui viene osservato. I sistemi viventi sono dinamici, fluidi e in costante evoluzione. Ad ogni movimento del soggetto che osserva corrisponde un movimento dell'oggetto osservato e in questa danza dinamica il tempo moltiplica le possibili interazioni fino a raggiungere un numero infinito di possibili varianti.

Questa danza infinita è ciò che caratterizza i giochi di scambio tra sistemi viventi.

I rapporti viventi guardati così divengono il simbolo nitido dell'infinito che anima il finito, dell'immensamente grande nel minuscolamente piccolo.

La possibilità di trovarci, in questo piano di continua vita dinamica, è altissima ... tanto quanto corriamo continuamente il rischio di perderci, di essere manipolati dall'impressione di un attimo, dalla potenza di una illusione che vuole farsi concreta e perdurare, dalla convinzione emotiva che vorrebbe spingerci a credere che infinito significa "per sempre".

Potremmo vanificare tutti gli sforzi che l'universo compie in continua azione per creare vita e ricrearla e continuare a crearla ancora, potremmo ... Se non fosse che l'essere umano ha in se' un miracolo divino: l'uomo sente.

VIII.
VIII.a
I rischi

Appena veniamo alla luce e iniziamo a vivere, iniziamo anche a correre rischi.
Corriamo il rischio di cadere quando muoviamo i primi passi ... Corriamo il rischio di non passare un esame quando cerchiamo di imparare qualcosa ... Corriamo il rischio di vivere la fine di un amore ogni volta che ci innamoriamo.

Corriamo rischi scientifico-matematici che ci vorrebbero far ridurre la realtà e il suo continuo fluire a schemi fissi, numerizzati e logici e questi rischi li corriamo per renderci il reale più facile da comprendere ... Ci diciamo che semplifichiamo solo un pochino per capire ma che poi torneremo a renderci conto che la vita e il mondo sono molto più ricchi di quello che stiamo costruendo come schema fisso ... Uno schema, quello fisso, che è potente sull'aspetto concreto della realtà ma che è anche privo di illuminazione sui perché della vita in generale e della vita dell'individuo.

Corriamo rischi artistico-estetici che ci vorrebbero ridurre a osservatori-fruitori della bellezza, una sorta di pubblico sempre disposto a pagare un biglietto pur di essere sollevato dalla durezza bruta della realtà per qualche istante ... Un pubblico che a forza di osservare non partecipa più e viene, lentamente privato della capacità di creare la vita in generale e la vita dell'ognuno.

Corriamo rischi morali-ideologici che ci vorrebbero impegnati nel carico di responsabilità che gli oggetti comportano, responsabili dell'inquinamento umano, della carestia di cibo, della violenza di genere ... manipolabili dai legami che i deboli costruiscono per impossessarsi delle capacità dei forti a cambio dell'illusione di star partecipando alla costruzione di una realtà sociale sicura, chiara ... Ma la realtà naturale è caos e disegno superiore e in questo consiste la vita, accettare il caos e assumerne le caratteristiche, diventando un inevitabile caos chiaro.

Vivere consiste nell'affrontare i rischi e l'uomo può usare il suo "Magnifico Sentire" per :
-Creare e distruggere continuamente schemi logico matematici, giocare con il numero dentro alla realtà;
-Riconoscere la bellezza solo per non affezionarcisi, saperla lasciare andare e vedere la vera bellezza nel fluire;
-Vivere l'ordine nascosto che ogni atteggiamento caotico porta e comporta ...
... Attraverso questi rischi l'uomo può sentire l'universo e riscoprire che stiamo tutti camminando in un cosmo che vive, pulsa e respira, universo che è fatto, semplicemente, di energia che tende all'ordine.

VIII.b
Attenzione

Dentro e attorno a me sembra che accadano una infinità di cose. Gli stimoli si accavallano pretendendo attenzione e cercando di accaparrarsi i miei sensi interni ed esterni. I miei recettori fisici e psichici, emotivi e spirituali vengono tenuti costantemente in allerta da tutto quello che li colpisce, ma cos'è che li colpisce esattamente?
I recettori sono colpiti da stimoli che possono essere di varia natura. Ci sono stimoli luminosi, sonori, meccanici, chimici, termici e stimoli che sono composti dal mix di questi. Devono avere una durata sufficiente ad eccitare il recettore, e una intensità sensibile.
Se gli stimoli sono sufficienti in durata e intensità allora posso osservare una attivazione psicofisiologica che alimenta un certo grado di attenzione.

Quando l'attivazione è a livelli bassi mi distraggo facilmente, quando è a livelli troppo alti l'ansia diventa eccessiva e questo risulta dannoso sulla mia efficienza. In pratica la mia capacità di azione con "minimo scarto, minima spesa, minime risorse e minimo tempo" dipendono dal mio grado di efficienza che a sua volta dipende dal mio livello di attivazione che è strettamente legato alla mia capacità di gestione della capacità attentiva.

La mia capacità attentiva è influenzata profondamente dai limiti del sistema sensoriale e dalle aspettative che caratterizzano il mio essere pensante.
Se da un lato tendo a "imparare" a "rivolgere l'attenzione" da esperienze vissute in un certo modo, l'attenzione rimane una forma di comportamento molto difficile da misurare ...
Spesso di fronte a uno stesso avvenimento i diversi osservatori, ma anche lo stesso individuo in momenti diversi, possono riportare i fatti a cui hanno partecipato in maniera  peculiare e differente. Ogni volta cerchiamo qualcosa di diverso nella realtà e spesso la nostra attenzione viene colpita ed eccitata da sfumature diverse della stessa realtà.
Freud imputava le diverse qualità di attenzione a "disarmonie tra le linee evolutive" e a "disturbi dell'affettività".
Una cosa appare chiara e cioè che in un qualche modo tutti soffriamo in certi momenti della nostra vita di forme di psicastenia, iper o ipoprosessia. Siamo cioè catturati da dubbi, scrupoli e ansie sulla nostra integrità e da qui derivano comportamenti non coerenti, il bisogno di aderire a schemi, convenzioni e riti che ci facciano sentire un pochino meglio, anche se nell'adeguarci a schemi rigidi viviamo contro alla nostra volontà ... E uno dei contenuti di Nietzsche "... Per essere forte, l'uomo deve saper dire sì alla vita, evitare di farsi scudo con rimedi morali e consolatori e accettare il caos in cui consiste la vita, diventando come la vita stessa ..." diventa la linea di ombra che divide il mio successo dal mio insuccesso di vita.

L' attenzione non è qualcosa che si mangia e non produce calore ne' mi dà un tetto sopra alla testa ... L'attenzione non è denaro eppure per riuscire a sentire, a sentirmi e a sentire la realtà ho bisogno di attenzione, ho bisogno di essere padrone della mia capacità di rivolgermi a questa o quella cosa perché poi, alla fine dei conti, ciò di cui nutro la mia mente diventa il carburante psichico con cui creo la mia vita.

La vera domanda che dovrei pormi non è se sono o meno capace di gestire la mia attenzione ma semmai : "Sono capace di gestire il mio bisogno di attenzione?"

Se nelle fasi cruciali dello sviluppo del mio rapporto con il mio ritmo, con i miei talenti e con il mio spazio ho ricevuto attenzione allora so dare attenzione ... Se in quelle fasi non ho ricevuto attenzione allora non sono capace di dare attenzione.
Se so dare attenzione allora le possibilità di risvegliare talenti, ritmi e spazi sono alte e posso contare su una sorta di "fortuna" di guarigione naturale, se non so dare attenzione la guarigione naturale mi apparirà come una superstizione, una magia bizzarra e un credo tribale e sciocco.

Eppure è umano rendersi conto che se ho ricevuto attenzione non ne ho bisogno e quindi posso lasciare uscire quella qualità. Se non ne ho ricevuto non ne ho a sufficienza e sono in continua ricerca di attenzione/ attenzioni ... Ho bisogno di attenzioni e sono addirittura capace di creare rapporti d'amore sfinenti per averne ... E un rapporto di sfinimento tutto è fuorché amore ... L'amore è di per se' una qualità energetica di autosufficienza, ne basta pochissimo per sentirsi a posto e in benessere ... Un rapporto sfinente è qualcosa che suggerisce che "non mi basta mai ..."

Bambini che avendo o avendo avuto attenzione sono capaci di giocare anche da soli, con poca materia casuale, sviluppano creatività e fantasia ... Imparano a sentire il fantastico dentro alla realtà. Quelli che non ne hanno avuta sviluppano mondi ideali alternativi per sfuggire alla realtà e faranno delle loro mancanze un pretesto per evitare la realtà ... Non diventeranno mai forti e alimenteranno rapporti di dipendenza con se stessi, con le loro convinzioni schematiche e con gli altri ... Tenderanno a separarsi da una rete di rapporti sani per inseguire chimere e scambi frustranti che gli ricordino la falsa sicurezza anaffettiva in cui sono cresciuti, invece di usare la loro vita per tessere quella rete di sicurezza amorevole di cui ogni individuo ha bisogno.

Per avere attenzione siamo disposti ad essere accoglienti per finta, a dire sempre Sì ... Se ottengo attenzione ripeto l'atteggiamento, imparo a dire bugie pur di sentirmi accolto, accettato, capito ... Se non ottengo attenzione lascio perdere e mi dirigo altrove e anche questa è una sorta di bugia perché solo affrontando i nodi delle questioni che mi riguardano posso davvero sciogliere i malesseri e i disagi che mi legano al dolore e mi allontanano dal piacere. In ogni caso, sia che stia ripetendo i comportamenti comodi per avere attenzione, sia che mi rivolga altrove, cerco di ricontrattare la mia presenza nel mercato del mondo. Ma il mondo vero, la vera realtà non è un mercato dove la vita si vende e si compra ... L'energia che mi serve per vivere non è in vendita, viene elargita dall'universo in continuazione a tutti gli esseri viventi e viene gestita dagli esseri che sanno pensare e usare il libero arbitrio.

Quando tento la ricontrattazione vengo minacciato! Perché?
Perché il bene in mio possesso (il libero arbitrio) è un bene di altissimo valore.

Nel tentativo di uscire dal gioco vengo ammaliato con false promesse o costretto a rimanere con ulteriori minacce. Perché?
Perché i sistemi hanno paura di morire, non vivono senza il supporto di esseri pensanti che hanno il libero arbitrio.

I sistemi, una volta che vengono costruiti dall'uomo devono anche essere capaci di "passare", come un oggetto che non ha più un valore di utilizzo deve essere lasciato andare e tornare ad essere energia pura, riciclato nella creazione di nuovi oggetti o usato per produrre luce, calore e carburante per la vita. Eppure i sistemi, pur di non "passare" arrivano al punto di far credere all'essere umano che è lui stesso il primo a minacciare spingendolo a sentire senso di colpa, di dovere, di dipendenza da qualcosa di esterno all'essere umano stesso ... Quando l'individuo reclama la sua libertà, il diritto al benessere e al piacere quotidiano, i sistemi si sentono minacciati ... E accusano, diventano violenti spingendo gli individui che li compongono a diventare rabbiosi ... Nel clima di dipendenza e paura sociale che caratterizza le società contemporanee, se l'ambiente modello in cui vivo è amorevole allora tenderò all'amore, se è violento anche'io tenderò alla violenza ... Ho perso il mio libero arbitrio perché l'ho svenduto per quattro ninnoli.
Il vero essere umano sa mantenersi amorevole anche in mezzo alla bufera della violenza.

I sistemi vogliono a tutti i costi il libero arbitrio umano perché non esistono forme di vita capaci di gestire le energie libere dell'universo nella qualità, quantità e tempi come gli umani.

Si può uscire da questo ginepraio di dipendenze e minacce, si può riprendere il cammino ed è possibile vivere nel piacere, nel benessere, lungo il cammino universale che è vita.

È sufficiente risvegliare, da adulto, le abilità psichiche che si sono addormentate crescendo. Posso rivolgermi alla mia mente e da lì chiedere aiuto alla psiche. Posso chiamare in causa proprio quella parte di me che è deputata a pensare e in quella dimensione in cui il pensiero è ancora pura elettricità, intervenire per creare una visione alternativa che affondi le radici anche in ciò che è preconscio o inconscio, istintivo e naturale ... Recuperarmi nella mia interezza può fornire al mio modo di pensare delle valide alternative di visione e di comportamento.

Cambiando il punto di osservazione cambia anche la forma, il contenuto e il valore di ciò che osservo. Quando inizio a guardare alla mia stessa vita da un altro punto prospettico allora la mia vita cambia e io sono pronto ad acquisire un nuovo senso.

È come guardare la mia città dal livello della strada e poi poter salire sulla torre Eiffel ... Quello che vedo diventa uno scenario più complesso, è vero, ma anche più ricco, dinamico e finalmente realmente vivo.

# IX
## IX.a
## Il Kausay Pacha

Un giorno, camminando per le vie della città dove stavo lavorando sono entrato in una libreria e ho trovato un manifesto volantino che invitava tutti ad andare ad ascoltare una serie di conferenze tenute da un antropologo sudamericano. Questo signore prometteva di spiegare in che modo si costruiscono le colonne di energia, come si possono individuare e trasformare le energie pesanti, come si può riprendere il cammino nel cosmo vivente.

Nella cosmogonia andina esiste un termine "Kausay Pacha" che indica il cosmo nel senso più ampio. Quando ho sentito quel termine e ciò che indicava ... Cosmo ... Ho sentito che stavo salendo i primi gradini della mia torre Eiffel e che avrei potuto guardare la mia realtà da una prospettiva nuova e ricca.

Mentre sentivo queste cose le mie guance venivano solcate da calde lacrime salate e le gambe tremavano di gioia. Ancora oggi quando incontro qualcosa che ha un valore inevitabile per la mia via evolutiva sento che mi viene da piangere e che quel pianto non è un segno di debolezza ... Al contrario quelle sono lacrime di forza gioiosa, la forza che nasce quando l'animo trova nuova energia per tornare ad essere attento e capace di riconoscere la verità. Nella mia esistenza, riscoprire ogni volta la verità è una emozione incontenibile che porta grandi cambiamenti e miglioramenti, vere e proprie guarigioni.

La verità è la più grande delle medicine che l'essere umano ha a disposizione.

Il Kausay Pacha è il cosmo nel senso più ampio, è il grande contenitore in cui le energie viventi si muovono creando vortici e fluidi, pulsazioni e vibrazioni. Il Kausay Pacha comprende tutta la realtà, dai livelli più bassi e concreti fino a quelli più metafisici e spirituali e questo mi ha insegnato una cosa: "Esistono termini che indicano la vita nella sua completezza e gli esseri umani, dopo aver diviso nel tentativo di teorizzare schemi comprensibili e spiegabili, poi si sono dimenticati che la vita non è divisa. Veniamo al mondo nel nostro aspetto più denso, cioè il corpo, come unione di due esseri, madre e padre ... Siamo frutto, già solo a livello fisico, di un atto di unione, come si può pensare che poi vogliamo davvero diventare separati?

Pacha in lingua quechua significa sia tempo che spazio. Per le comunità delle Ande, da sempre, una sola parola è sufficiente per indicare lo spazio e il tempo ... Insieme esiste lo "SpazioTempo" perché nascere, crescere e morire, in una sola parola "vivere", è possibile solo in una Pacha concreta che è inevitabile frutto dell'unità di tempo e spazio.
Kausay Pacha è il "tutto spaziotemporale", quel "Tutto", concetto e concretezza che tiene in vita ed equilibrio il cosmo intero e con esso l'umanità e tutte le forme viventi.
Vivente è tutto ciò che dispiega nel suo proprio Ritmo il suo significato di esistenza.
Torna il concetto di spazio e tempo unificato quando "Ritmo" significa ritorno di una cadenza concreta secondo un tempo ... ritmo come successione di accenti, cioè maggior rilievo, variazione di intensità o di enfasi, che determinati suoni hanno rispetto ad altri nello spazio di una frase musicale ...

Per un semplice motivo di "metodo comprensibile" la cultura andina si permette di-vedere e non di-videre nel Kausay Pacha due dimensioni: una spaziale e una temporale.

L'intero cosmo si spiega come composto da:

a.

Un piano spaziale, a sua volta composto da:
-Hanaq Pacha, il mondo superiore dove dimorano Padre Sole e Madre Luna, le stelle e tutti i corpi celesti, dove si trovano tutti gli elementi vitali.
È anche il mondo di ciò che è conscio, chiaro, luminoso e vero nella sua realtà;
-Kay Pacha, il mondo di mezzo, il piano nel quale viviamo noi, lo spazio in cui si muovono l'essere umano e tutta la natura, la terra nella sua qualità di madre che è "vita che genera vita", madre del tutto intrinsecamente collegato e intrecciato: noi siamo fratelli delle montagne, dei fiumi, degli animali.
È anche il piano preconscio in cui si sintetizzano idee e consapevolezze;
-Uhyu Pacha, il mondo sotterraneo, interno, inferiore, il mondo degli antenati, delle origini, dei semi ... Il mondo dell'invisibile che aspetta di potersi rivelare, che riposa nell'attesa di essere scoperto.
È anche il piano inconscio dal cui caos è condizionato l'equilibrio del cosmo.

b.

Un piano temporale che non si misura in unità di tempo. La Pacha temporale è ciclica, espressione di armonia naturale del flusso del divenire. Si può percepire come "tempo adatto per ..." giorno e notte, tempo di semina e tempo di raccolto, inverno ed estate ... È composto da:
-Qayna Pacha come tempo vissuto, già affrontato ma non archiviato ne' storicizzato, nè chiuso ma base del nostro avere un presente e un futuro, tempo del ricordo continuo della mia origine, di "ciò che sono" perché "sono stato";
-Kay Pacha, tempo della realtà attuale, centro della vita perché passato e futuro sono sempre anche vibrazione del momento presente;

-Qamuk Pacha, tempo che verrà, orizzonte che è stato delineato e a cui tende la vita, tempo della realizzazione degli ideali più forti, profondi della vita.

Tutti questi piani sono sempre presenti nel cosmo, nel Kausay Pacha, vita centro della vita, dei pensieri e dei sentimenti.
Kausay Pacha è totale centro di unità, unito in se' e unito a tutti gli esseri che lo costituiscono.
L'essere umano non è padrone di cosmo e natura ma uno dei tanti esseri che hanno il diritto e l'obbligo di rispettare, amare e difendere l'intero creato, visto come simbolo di fratellanza e uguaglianza ... Tutta la vita ha la stessa dignità.
Ogni "Uno" di noi è un cosmo in cui vibra e pulsa l'intero cosmo ... nel nostro organismo sono presenti tutti gli altri esseri che esistono e il sentimento, che abbiamo dovere e diritto di provare per seminare, coltivare e raccogliere vita, è l'amore, vera sorgente di benessere e piacere.

Non si può possedere lo spazio-tempo, si può però sentirlo per arrivare a capire che tutti e tutto meritano il mio rispetto e il mio amore.
Il Kausay Pacha chiede amore perché ciò che ha da dare è amore inteso come energia vivente sovrabbondante.

Ora possiamo iniziare a muovere la nostra attenzione verso concetti interessanti che prendano il posto di quelli vecchi che ci hanno portato a separarci dal tutto, dal Kausay Pacha e che inevitabilmente ci hanno spinto a vivere nel buio sfiduciato e maledetto di quella che chiamiamo crisi.

IX.b
Sovrabbondanza dell'energia vitale

Caratteristica prima del Kausay Pacha è il suo essere costituito da energie infinite. La sua qualità energetica è caratterizzata dalla leggerezza e dalla sovrabbondanza. Questo entra in apparente contrasto con tutto quello che siamo abituati a vivere nel mondo culturale occidentale caratterizzato dalla presenza di pochi beni, difficili da ottenere, da mantenere, tanto che il nostro mondo civile ha le tinte della continua lotta, delle sgomitate e litigi per accaparrarsi un po' di quei beni che appaiono come essenziali per la sopravvivenza.

I nostri concetti di stato di diritto, democrazia e condivisione sono piuttosto instabili e volatili. Si manifestano intorno a momenti di difficoltà, nubifragi e terremoti, per poi scoprire che la paura ha fatto sì che sciacalli avidi sfruttino quei momenti di tragedia collettiva per accumulare ancora più beni e capitali nelle loro mani. Sono stato coinvolto in nubifragi e inondazioni e posso dire senza vergogna che gli aiuti erano a chiazza, non raggiungevano tutti ma solo le persone politicamente forti ... E non parliamo dei risarcimenti ... Esigui e inutili, tipo 300 euro arrivati dopo un anno a famiglie che avevano letteralmente perso tutto. Ti dicono di fare una lista dettagliata di tutto quello che il fiume ti ha portato via o reso inutilizzabile e quando fai notare che 300 euro non bastano a coprire neppure il costo di un frigorifero ti rispondono che sei egoista, che pensi solo per te e che c'è chi sta peggio e ha bisogno di maggiori attenzioni. Tutti quelli che sono passati attraverso una situazione di calamità naturale sanno benissimo di cosa sto parlando.

In realtà, il modo di percepire il mondo che noi occidentali abbiamo sviluppato vede una piccola quantità di energia per la quale siamo chiamati a continue lotte. Da questo modo di percepire la realtà nascono discordie, liti e continue discussioni.
Eppure si può entrare in una ottica differente, non tanto nuova già che la vera realtà esiste da sempre ed esisterà per sempre, ma semmai innovativa: l'energia è infinita e quindi più che sufficiente per ognuno.

Il mondo materiale pullula di esperimenti e marchingegni che provano di come l'utilizzo dell'energia elettrica possa essere reso quasi infinito, di come ci siano fonti di energia rinnovabile che vengono accantonate ed evitate solo per le logiche implicazioni di cambiamento di mercato che leverebbero monopoli e potere a piccoli gruppi di esseri umani (?), di come le attuali scuole più che insegnare ai giovani ad usare il potere creativo della mente, siano luoghi di condizionamento mentale, di come i luoghi di lavoro promuovano la stasi invece dell'evoluzione, di come esistano medicine salvavita che vengono tenute nascoste per interessi economici ... tutto questo per mantenere inalterato uno schema piramidale di gestione del potere.

## IX.c
## Potere

Anche alla parola-concetto "Potere" bisogna prestare attenzione.
Potere nella società occidentale è la capacità di influenzare i comportamenti umani, ottenere obbedienza, far valere la propria volontà su qualcun altro anche quando questi è contrario, imporre a tutti il rispetto del proprio volere, prendere decisioni che coinvolgano anche altri e farle valere come realtà indiscutibile.
Il potere viene inteso come forza, potenza e consenso. La forza e la potenza diventano la capacità di far valere, anche di fronte a un'opposizione, la propria volontà; il consenso diventa abilità di trovare obbedienza da individui che abbiano volontà di ubbidire, cioè un interesse all'obbedienza.

Il potere è un concetto fondamentale perché lo sviluppo della vita sociale è basato su relazioni di potere, su relazioni di comando-obbedienza. La formazione delle democrazie moderne ha voluto far credere che le "violenze che obbligano" e le relazioni "comando-obbedienza" stessero svanendo, diventando concetti equilibrati di rispetto e convivenza nel rispetto del libero arbitrio di ogni uno, ma l'esercizio del potere ha un ruolo fondamentale nei rapporti tra le persone e tra queste e uno stato o almeno così sembra essere per riuscire a mantenere equilibri e libertà raggiunte.

Nelle comunità andine il potere non viene visto come la capacità di manipolare il mondo o di obbligare qualcuno a fare ciò che io voglio ... Potere viene invece inteso come possibilità di "Poter Fare" ciò che desidero, potenziando le mie capacità. Non ho bisogno di impossessarmi delle energie degli altri per realizzare i miei progetti, non ho bisogno di manipolare perché è sufficiente risvegliare, tenere vive e potenziare le mie capacità e posso realizzare qualunque cosa di cui ho bisogno per dare un senso compiuto alla mia esistenza.

Tutto emette energia vivente: la natura, gli alberi, gli animali creano in continua azione energia nutriente e vitale, siamo letteralmente avvolti dall'energia vivente, anche noi ne emettiamo. Viene emessa, per esempio, dagli oggetti carichi di volontà leggera, sacri, dalle architetture, da tutto ciò che, costruito dall'uomo, riceve la sua energia o almeno una parte dell'energia personale. Quindi un oggetto emette, perché la riceve, la qualità energetica di chi lo ha costruito ... Un edificio irradia, perché la possiede, l'energia dell'architetto e di tutto e tutti quelli che lo hanno costruito.
L'universo è generoso nel dare energia, noi non dobbiamo fare altro che aprirci e rimanere aperti per ricevere l'energia e aiutare gli altri a fare la stessa cosa.
Abbiamo il diritto e il dovere, ogni uno di noi ha il diritto e il dovere, di superare il concetto di energie positive e negative e dare forza all'idea che di energia ne esiste di un solo tipo e che è più che sufficiente per nutrire tutti.

IX.d
Energia Personale e rapporti energetici con il Kausay Pacha

IX.d.1

Esiste attorno al corpo fisico un campo di energia personale ... una sorta di emanazione della coscienza che ha la forma di una bolla e che porta la nostra energia. Questa bolla in lingua quechua si chiama Poqpo e costituisce il limite del nostro corpo energetico. L'energia contenuta in questa bolla ha delle qualità vibrazionali e una superficie che appare, alla nostra nascita, cristallina, brillante e permeabile.

È l'unica vera essenza che ci appartiene e dovremmo prenderci cura della nostra energia, percepirla, curarla e tenerla costantemente pulita. Se non lo facciamo la sua superficie tende a ingrigirsi, diventa dura e coriacea e lentamente si ispessisce fino a perdere la sua caratteristica di permeabilità.

Come negli aspetti minimi la vita viene tenuta in costante attività dagli scambi di ossigeno e sostanze che la membrana cellulare permette o impedisce, così la superficie della bolla energetica permette o impedisce, a seconda della sua permeabilità, lo scambio energetico con il Kausay Pacha.

Le qualità vibrazionali dell'energia contenuta nella bolla e la sua permeabilità dipendono dai modi in cui pensiamo e dai comportamenti che attuiamo con gli altri.


IX.d.2

Kausay Samiy e Kausay Jucha sono le costituenti base del mondo nel quale viviamo. La realtà non è un campo uniforme e indifferenziato costituito da un solo tipo di energia sottile, fine e leggera. Per esempio i campi costituiti da Kausay Jucha sono composti da energia pesante. Quindi se da una parte c'è la Samiy, energia leggera e sottile, nutriente e pulita, dall'altra c'è la Jucha, energia pesante, in un qualche modo torbida.

Tutta la natura produce Samiy.

Le rocce e tutti i minerali producono Samiy, gli alberi e tutto il mondo vegetale producono Samiy, gli animali, con la loro vita istintiva, producono Samiy, gli elementi come acqua, fuoco, terra producono Samiy ... L'uomo è l'unico a saper produrre anche la Jucha.

La Jucha si produce quando si ostacola il flusso dell'energia vivente e l'uomo è l'unico essere vivente a saper usare il suo libero arbitrio per imprimere una volontà autonoma al fluire degli eventi e quindi poter usare quel libero arbitrio per bloccare il flusso spontaneamente originale ed energetico di natura ed eventi.

## IX.d.3

La prima delle pratiche andine che quel sacerdote-sciamano mi ha insegnato è Samiynchakuy che significa bagnarsi nell'energia sottile e anche unire qualcuno con l'energia vivente sottile.

Tutti veniamo al mondo perfettamente integrati con l'andamento cosmico delle energie e per questo puliti, puri e innocenti. La nostra connessione con l'universo e con le sue energie leggere, quando veniamo al mondo, è perfetta e profonda, libera e spontanea ... Lentamente le convenzioni sociali manipolano la nostra mente mettendoci nella condizione di sviluppare credenze e idee logiche che sono semplicemente gli strumenti che crediamo di dover usare per avere a che fare con la società e le comunità umane.

Ci dimentichiamo che siamo noi a creare la realtà che viviamo quotidianamente e pensiamo di doverci uniformare a leggi e decreti umani che poco o nulla hanno a che fare con la vera realtà della nostra essenza. Ci dimentichiamo che siamo artefici della nostra vita, che siamo vivi per una forte opportunità di fare esperienza, e che la vita ci serve, a ogni uno di noi, solo per fare esperienza dei campi densi. La nostra coscienza si muove in campi assolutamente più sottili e impalpabili di quelli densi e concreti della terza dimensione e il corpo fisico ci viene fornito dall'universo per provare e testare attitudini comportamentali che la sola coscienza ci proporrebbe in maniera meno tangibile ... È un po' come quando un adulto lascia che il bambino sbagli da se' per poter imparare. Non è mosso da cattiveria o da menefreghismo ... Anzi lo osserva dall'alto e cerca di fare in modo che la durezza dell'esperienza e dell'errore non sia troppo bruciante per lui, ma lascia che faccia la sua prova, che senta il dolore dello sbaglio sulla sua stessa pelle, proprio per imparare.

Nell'universo noi umani terrestri siamo un po' nella stessa condizione dei bambini, sbagliamo con il corpo proprio per imparare a non farlo più ... Sostanzialmente sbagliamo con il corpo per non aver bisogno di farci guidare ancora dal corpo.

La materia con il suo fascino denso ci spingerebbe verso una sorta di piacere dissolutivo e disperdente se non avessimo una mente che riesce a indirizzarci e che ci permette di pensare e decidere ... Ma quando ci dimentichiamo della vera essenza del nostro percorso terrestre tendiamo a scordare anche la nostra connessione con il tutto, con la Pacha, con gli altri esseri viventi e quando ci separiamo dal flusso energetico universale ci separiamo anche dalle nostre qualità energetiche leggere.

Samiynchakuy significa tornare a sentire quel collegamento e uno dei compiti dei sacerdoti sciamani delle Ande è proprio ricollegare gli individui al loro fluire e alla loro intima natura universale.

Per fare Samiynchakuy si usa una Mesa, un oggetto o un insieme di oggetti di potere che collegano il sacerdote con i suoi predecessori, con i suoi maestri, con i sacerdoti che sono venuti prima di lui e che hanno tramandato il saper sentire di millennio in millennio dalle epoche antiche. La Mesa viene posizionata sulla testa dell'individuo e la sensazione che segue a questa imposizione oggettiva è un alleggerimento del corpo fisico, una vera e propria pulizia energetica e fisica, una purificazione che riunifica i differenti livelli della vita dell'individuo. Di solito la prima volta si ha solo una sensazione fisica di alleggerimento e gioia ma può succedere che la persona che riceve la Samiy abbia visioni e sensazioni viscerali di rinnovamento psichico, che ricordi fatti traumatici della sua esistenza liberandosene come se si stesse svuotando dei suoi blocchi.

Esistono pratiche più complesse che lavorano essenzialmente sulla liberazione e la trasformazione ma questa di Samiynchakuy è quella che segna il cambiamento vero e proprio, è qui che l'individuo inizia il suo autentico cammino di ritorno.

Quando ho chiesto, curioso " ... E dove sto tornando?" quel maestro barbuto mi ha sorriso rispondendomi "A casa!"

IX.d.4

Il Qosqo è il centro fisico più importante nelle pratiche andine. Non a caso Qosqo è il nome in lingua quechua di Cuzco, la capitale dorata dell'impero Inca.

Qosqo significa ombelico e anche bocca dello stomaco, con una valenza tanto fisica quanto energetica e spirituale. Cuzco stessa, la "nobile e grande capitale degli Inka" come la indicarono gli spagnoli, era la sede della reggia e ospitava i più alti gradi nobiliari, giuridici, spirituali e militari della società incaica. L'Inka stesso risiedeva in questo magnificente centro urbano con la sua famiglia e guidava i più importanti rituali di connessione con la natura e il cosmo, come l'IntyRaymy, la festa del sole che aveva luogo nei due solstizi annuali. Durante queste pratiche rituali l'Inka legava il sole alla terra in modo che il tempo seguisse le regole cosmiche e il sole elargisse alla Pachamama l'energia necessaria allo sviluppo e sostentamento della vita. Al centro di ogni movimento macro e microcosmico c'era la consapevolezza che l'unico modo per sentirsi integrati con il flusso energetico vitale era praticare il principio di reciprocità, Ayni.

Quella consapevolezza è sopravvissuta per arrivare intatta fino a noi. I sacerdoti andini, gli sciamani dei centri vitali incaici si sono preoccupati soltanto di questo ... Che il principio di Ayni giungesse nel suo significato filosofico, antropologico, spirituale ed energetico fino ai giorni nostri.

Cuzco aveva, nell'impero, la funzione di trasformatore energetico e digeriva in continuazione tutta l'energia pesante dell'intero impero con pratiche di metafisica concreta condotte dai rappresentanti di tutti gli ordini che costituivano la società.

La chiave che spiega la perfezione sociale dell'impero Inka: "Ayni", è l'unico comandamento morale, antico e presente, che dà forma al modo di sentire e di essere degli inka ... È il principio cosmico che insegna a creare e mantenere ordine, è la natura essenziale del cosmo.

Ayni è principio di reciprocità che ricorda in continua azione che non si può dare nulla se non si ha la capacità di ricevere e che non si può ricevere nulla se non si ha la volontà di dare.

Quando il maestro sacerdote sciamano mi parlava di "perfezione sociale" si riferiva all'assenza di crimini, all'aver sconfitto la povertà e la fame grazie a un efficiente sistema di prevenzione sociale.

L'accumulare veniva accettato e messo in pratica solo in previsione di una redistribuzione.

In un mondo basato sulla consapevolezza che la vita stessa si poggia su un universo di infinita abbondanza energetica risulterà semplice costruire strutture sociali che includono tutti, fondate sull'inutilità di combattere per ottenere energia e sostentamento.

Dobbiamo tornare nel nostro sentire vero e vedere che Samiy e Jucha, energia leggera ed energia pesante, sono semplicemente componenti qualitative di una sola energia, l'energia vivente, essenzialmente salutare.

Noi possiamo trasformare l'energia pesante in leggera digerendola ... Attuare processi di trasformazione in cui riscattiamo la parte fine, nutriente, nobile e scartiamo la parte più pesante che possiamo offrire alla terra come cibo. I nostri scarti fisici concimano la terra nutrendola e diventando base per la vita futura ... Allo stesso modo imparando a lasciar andare i nostri scarti psico-energetici possiamo nutrire il campo sociale e assistere allo svilupparsi di forme di vita nuove e ricche, basate sull'abbondanza di serenità, chiarezza e consapevolezza.

Abbiamo paura soltanto quando ci sentiamo soli ... Ci sentiamo soli quando ci separiamo dalla Pacha.

È necessario rompere lo schema che associa l'idea di positivo e negativo all'energia e assimilare la semplicità su cui sono basate le tecniche vitali dei nostri antenati.
Sono semplici perché basate sul cammino della natura, della Pacha ... Ognuno di noi deve seguire il proprio cammino naturale e trasformare le cose che lo toccano da vicino, questa è la base del sentire che riporterà il nostro mondo a una frequenza di reciprocità, benessere e piacere.


IX.d.5
JuchaMijuy

Sappiamo rompere lo schema attuale doloroso e sostituire l'insensibilità che ci rende ciechi e sordi alle nostre stesse esigenze intime ... Lo sappiamo fare, è sufficiente re-imparare a trasformare le energie pesanti che noi stessi abbiamo creato e continuiamo a creare nel nostro quotidiano inconsapevole.

Sappiamo fare JuchaMijuy, digestione della pesantezza e dei blocchi, sappiamo trasformare la Jucha in Samiy.

Per re-imparare a digerire devo prima ricordare come si fa ad aprire e chiudere il Qosqo.

Con la mano destra aperta, rivolgendo il palmo verso il mio corpo posso perlustrare la zona attorno all'ombelico. Le prime volte è consigliabile farlo in una situazione di concentrazione rilassata. È molto più facile farlo se un sacerdote andino è lì per aiutare ma una volta iniziato il percorso non è indispensabile perché è naturale avere un Qosqo, non dipende da una forma di manipolazione umana e quindi non abbiamo bisogno di qualcuno che ci convinca in continuazione che lo abbiamo e dove trovarlo.

Se io voglio ricollegarmi all'energia cosmica sovrabbondante, se lo voglio veramente nulla può impedirmi di fare, nessuno può obbligarmi a pagamenti continui per farlo, nessuno può vendermi ciò che è già mio, nessuno ha il diritto di vendermi ciò a cui intimamente appartengo. Come la Pacha non è di nessuno e semmai siamo tutti parte della Pacha, così l'universo non è manipolabile da noi. Certo, un essere umano che ha già percorso il cammino di ricerca e che ha raggiunto l'illuminazione per se' può facilitare i primi passi ad ognuno di noi e ognuno può ringraziare per l'attenzione che riceve cercando modi o cose per sdebitarsi ma siamo noi, ogni uno nella sua individualità che dobbiamo camminare verso la luce e quindi con fiducia e attenzione posso trovare il modo di ricollegarmi anche da solo.

Esistono infiniti modi per risvegliare i poteri sopiti che abbiamo dentro di noi ... È quindi sufficiente rivolgersi a una qualunque delle modalità che gli esseri umani hanno a disposizione ... fare JuchaMijuy è una delle svariate forme, io propongo questa perché questa ho trovato sul mio cammino ma potete trovare il vostro centro di trasformazione anche da soli e chiamarlo come vi pare, chakra, falun, terzo occhio, cristallo guida, amicizia, amore, asana ...

Il palmo della mano si muoverà lentamente attorno all'ombelico sfiorando il corpo delicatamente. Nel giro di qualche decina di secondi, nei casi più lenti in una manciata di minuti, la mano stessa percepirà una vibrazione talmente antica da sembrare nuova ... Qualcosa di inaspettato e potente che creerà subito un riverbero forte e nitido tra la mano e il nostro corpo. Quando questa connessione si rivela significa che ho trovato il mio Qosqo, la bocca del mio stomaco energetico. Solitamente si trova appena sopra o sotto l'ombelico, varia da persona a persona perché è unico per ognuno, ma è sicuramente a pochissimo centimetri di distanza dall'ombelico.

Il Qosqo è in grado di aprirsi e chiudersi, possiamo visualizzarlo come il diaframma di una macchina fotografica che si apre e si chiude.

Per aprirlo sarà sufficiente allontanare lentamente la mano dal corpo tenendo sempre attenzione (questa attenzione è basilare le prime volte, poi diventerà facilissimo gestire apertura e chiusura ... Con un po' di esercizio sarà sufficiente "voler" aprire il Qosqo per sentirlo aprirsi e dopo un altro po' di esercizio avverrà in modo naturale e spontaneo che il mio Qosqo mangi e trasformi l'energia pesante) sul punto che riverbera e vibra. Se perdo la connessione tra mano e corpo non c'è problema, basterà ricominciare dall'inizio, individuare ancora il Qosqo con il palmo della mano destra ben aperto, allontanare la mano dal corpo il più possibile fino a sentire il braccio ben teso e il palmo parallelo all'ombelico.

Alla massima distanza dal corpo il Qosqo sarà ben aperto e pronto a ingoiare l'energia pesante della mia bolla (il Poqpo accennato prima).

Inizio quindi a dare ordine mentalmente di ingerire un po' della buccia indurita della bolla. In poche decine di secondi lo stomaco energetico si riempirà di peso e io avrò una vera e propria sensazione di pienezza, come quando ho mangiato a sufficienza.

A questo punto basterà ordinare con forza e decisione, allo stomaco energetico di digerire, ripetendo tre volte l'ordine "Digerisci, Digerisci, Digerisci". Questo hekau ripetuto tre volte serve per risvegliare il potere sopito dello stomaco di digerire. Non lo abbiamo fatto per molto tempo e quindi il nostro stomaco energetico si è impigrito.

È sufficiente rimanere concentrati e in un atteggiamento di volontà profonda, ripetendo l'ordine più volte, sempre nel numero di tre ad ogni ripetizione.

Dopo alcuni minuti di concentrazione il Qosqo riattivato è in grado di operare la digestione e l'energia mangiata si dividerà in due fasci.

Uno pesante scivolerà lungo le gambe cercando di raggiungere il terreno. È importante non pensare che quello scarto sia dannoso per la terra perché così non è, devo lasciarlo scivolare giù in totale fiducia. Scorrerà lungo le gambe fermandosi qualche istante nei punti di giuntura. Superate le articolazioni riprenderà il suo movimento verso il basso fino a raggiungere la pianta dei piedi e da lì riversarsi sulla terra. Non importa che siate in un piano rialzato o in movimento sulla metropolitana, l'energia di scarto scenderà verso il basso fino a sciogliersi nella terra, nutrendola.

Dal Qosqo un altro fascio di energia, questa volta leggera, sottile e pulita, inizierà la sua risalita lungo il torso, vibrerà potente dentro la colonna vertebrale sciogliendo blocchi e superando traumi. Questa energia è luminosa e la sua qualità leggera la farà salire verso l'alto fino a raggiungere la sommità della testa ... A questo punto potete decidere liberamente cosa farne. Potete usarla subito convogliandola verso il vostro corpo, verso vostri progetti, oppure inviarla mentalmente ad altre persone e situazioni. Oppure potete lasciarla salire verso il cielo dove ci sono grandi magazzini di energia collettiva, sarà come metterla in banca. Da quei granai potrete richiamarla a voi in qualunque momento di bisogno e l'energia vi inonderà abbondante ... Ne riceverete anche più di quanta ne avevate inviata perché nel frattempo avrà maturato gli interessi che in questo caso non sono percentuali ma infiniti.

Una mia cara amica, con cui avevo incontrato il sacerdote sciamano, ha assistito e partecipato attivamente a tutti i racconti e spiegazioni di quell'uomo e dopo una settimana mi ha detto "A me sembra che quel tipo ci abbia raccontato un sacco di fregnacce ... Io non ho sentito niente e continuo a non sentire niente. Me ne sto come una scema in piedi e digerisco, digerisco e digerisco ma non succede assolutamente niente ... Che ciarlatano" io le ho risposto che invece a me funzionava, che aveva funzionato da subito e che continuava a funzionare.

Prima di partire per quell'incontro avevo lasciato, per la fretta di uscire, dei fiori appassiti in un vaso ripromettendomi di pulire appena tornato. Il sacerdote sciamano ci aveva invitato a inviare un po' dell'energia digerita a casa, per vedere al nostro ritorno che cambiamenti aveva apportato all'ambiente domestico. Quando sono rientrato ho cercato un segnale con avida curiosità e sono rimasto letteralmente di stucco vedendo che i fiori, bellissimi gigli bianchi, erano ritornati a splendere ... Era incredibile ma quelle tecniche funzionavano e quindi non sapevo cosa dire alla mia amica. Difronte alla mia tranquilla fiducia lei disse "Boh, magari quando passi di qui portami i tuoi appunti ... Forse non ho capito qualcosa" e così feci.

Più o meno dopo un anno ho ricevuto una sua telefonata entusiasta "Funziona ... Funziona, ieri ho fatto la digestione delle energie pesanti per l'ennesima volta e funziona ... Ho sentito i fasci di energie lungo le gambe e poi lungo la colonna vertebrale ... Funziona ... Oh, ma funziona davvero"

Ero contento per il suo risveglio e per il suo essersi ricollegata alle energie dell'universo ... Ero sinceramente contento per lei.

La Jucha è molto relativa, è questione di affinità, di sintonia. Nella mia vita qualcuno può contribuire a bloccare il flusso della mia essenza e quindi in quell'istante e in quel modo creiamo energia pesante ... Ma quel qualcuno, nella vita di altri può portare energia leggerissima e quindi non è quella persona ad essere negativa ma semmai è il momento del nostro rapporto che appesantisce. In più posso percepire io un blocco, magari lui con me si sente tranquillissimo e fluido e mi vive come una presenza leggera e stimolante. JuchaMijuy è una tecnica per trasformare le sensazioni che ci spingono ad avere paura, serve per proteggere noi stessi e la realtà naturale, serve per preservare il libero flusso naturale delle energie che inevitabilmente creano benessere e piacere. Qualunque progetto si può compiere, qualunque idea si può realizzare, è sufficiente avere accesso alle energie che servono per fare quel mondo che tanto vogliamo al di là di qualunque tentativo di autosabotaggio.

Digerendo la Jucha altrui faccio questo:

-Alleggerisco il peso di qualcun altro, di un fratello che percepisco bloccato. Bisogna ricordare che non c'è motivo per aspettare che siano gli altri a chiedere aiuto. Quando vedo qualcosa che non funziona, che non giunge a compimento, se ho gli strumenti per far sì che tutto si rimetta in movimento è mio diritto e dovere intervenire e aiutare ...

-Digerisco l'energia aumentando il mio potere personale e in questo modo mi rendo più forte, aumento la mia capacità di vedere e sentire il disegno universale e in questo modo accedo a dimensioni della realtà sempre più nitide e chiare. Avrò una sicurezza sempre maggiore e il mio senso di orientamento ne uscirà potenziato.

-Mando alla terra l'energia pesante di scarto e devo ricordarmi in ogni istante che ciò che scarico con queste tecniche, per lei è nutrimento. Le bucce della frutta che mangio, gli escrementi, il mio stesso corpo, quando non mi serve più, entrano nuovamente nel ciclo della vita ... Pachamama sa molto bene come usare ciò che è pesante. In più, siccome il principio di Ayni è universale, per la legge dello scambio e della reciprocità Pachamama mi darà energia leggera Samiy in cambio del peso che io le ho dato ... Proprio come una madre è felice di rasserenare il figliolo spaventato e la gioia che prova il bambino nel tornare in se' è per lei un nutrimento amorevole impagabile.

# X
## X.a
## Il Corpo

Un giorno ho accompagnato mia moglie a una lezione di Antigravity Yoga. Usa un telo annodato a formare una U, tipo una amaca e con evoluzioni particolari compie inversioni e disegna, con il corpo, figure spettacolari che donano un benessere e un piacere profondi e duraturi.

La colonna vertebrale si decontrae e il sangue che riempie per alcune decine di secondi, abbondante, il torso e la testa (a meno che non ci siano patologie che lo sconsigliano decisamente) dona piacere e ringiovanisce i tessuti. L'elasticità torna nelle giunture e il corpo ne esce rinvigorito.

Mi aveva invitato altre volte e io avevo declinato l'invito ma quel giorno ero in vena. La bella giornata mi spingeva a una passeggiata e attraversare la città mi era sembrato interessante. Avevo pensato di accompagnarla e poi di riprendere il mio girovagare e così ho sorriso e mi sono accodato a lei.

Quando siamo arrivati alla palestra in questione, più per farmi passare del tempo che altro, mi ha presentato un trainer con cui si allenava anni prima in un'altra location.

Quell'allenatore si occupa di Crossfit e io ero in un momento di stallo psicofisico. Sentivo le mie energie ristagnare e avevo bisogno di qualcosa che mi desse una scossa, che mi rimettesse in cammino.

Con una noncurante titubanza (è sempre facile prendere informazioni su qualcosa che non ti interessa davvero) ho affrontato i gradini della sala Crossfit e mi sono presentato: "Sono il marito di ... E lei mi ha detto che alleni in una disciplina interessante, hai due minuti per spiegarmi?" le sue parole sono state poche e chiarissime e dopo avergli detto che in settembre, dopo le vacanze, mi sarei rifatto sentire sono andato a sedermi all'ingresso in uno dei tanti divani bianchi.

Sprofondato tra i cuscini continuavo a pensare alla vibrazione che quello spazio, quelle parole e quella presenza avevano suscitato in me. Sentivo di aver incontrato qualcuno e qualcosa che potevano cambiare la mia vita, reindirizzare molti degli sforzi che stavano diventando inutili perdite di tempo (all'epoca mi allenavo in una delle tante palestre fighette della città, una di quelle per dirla chiara che fanno parte di un circuito internazionale, dove le persone vanno per illudersi che si stanno prendendo cura di se' ma in realtà stanno solo tenendo su un progetto farlocco e puramente marketing ... E il benessere e il piacere come pure il corpo e la guarigione non possono essere marketing) e così ho ripercorso il lungo corridoio fino a ritrovare nella sala quell'uomo grande e grosso. "E se io iniziassi domani? Si può?"

Eccome se ho iniziato e ancora sto praticando il Crossfit, ottimo allenamento, ma che servirebbe a poco se non fosse traghettato nella mia vita dalla generosa attenzione di quel gigante buono che nel frattempo è diventato il mio allenatore. Un giorno gli ho chiesto di parlarmi di quello che secondo lui è il corpo ... Ah dimenticavo, il mio allenatore di Crossfit è anche e soprattutto un dottore fisioterapista e un lottatore.


X.b

"Il corpo, per quanto mi riguarda da sportivo vorrei che fosse visto e vissuto come una macchina. Ogni essere umano dovrebbe avere la capacità di utilizzare questa macchina al meglio per portare a compimento tutti gli obiettivi che si prefigge come uomo e come sportivo. Questa è l'idea di corpo che cerco di trasmettere ai miei atleti.

Voglio che siano capaci di eseguire al meglio tutto quello che devono fare per migliorare se stessi dal punto di vista fisico senza farsi trasportare troppo dalle emozioni e dalle paure che a volte scaturiscono dalla nostra testa che, per esperienza personale, capisco che possono limitare la capacità nell'uomo e nella donna di raggiungere gli obiettivi dal punto di vista fisico atletico ... Mi piace pensare questa cosa.

Il corpo, per quanto mi riguarda, è mosso dalla volontà, dalla mia testa, dalla voglia di fare, apprendere e capire il gesto atletico nello specifico.

Secondo me il nostro piano fisico non ha limiti insuperabili.
È l'abitudine che se da un lato, per il corpo, ha la sua importanza dall'altro non lo agevola.

Il corpo si deve disabituare.

Il cambiamento è fondamentale per far sì che il corpo possa adattarsi ai cambiamenti positivi o negativi e poterli superare al meglio.
Voglio vedere questo rapporto tra abitudine e cambiamento nel modo positivo. Se non abbiamo questa capacità di adattamento siamo destinati a cadere nelle varie patologie che possono riguardare i nostri muscoli, i nostri tendini, i legamenti e le ossa.

Il corpo è capacissimo di dire bugie. Il corpo attraverso la mente e con il suo aiuto tende sempre a darci la pacca sulla spalla: "Hai fatto bene!" ma in realtà questa cosa non accade, dobbiamo cercare il nostro bene sempre e al cento per cento.

Noi ci diciamo un sacco di bugie.

Il corpo non ha un concetto di tempo ma ha assolutamente un concetto di ritmo. Ti dirò di più, il ritmo del corpo si vede, è osservabile e a me capita spesso di vederlo. Non esiste un ritmo universale a livello corporeo. È una ricerca dell'individuo, di ogni individuo.

Di solito, nell'osservare il corpo, mi avvalgo di una semplice anamnesi. Chiedo all'atleta quali sono le sue patologie e, in base a quelle che sono le patologie vissute in passato o presenti, lo osservo nello specifico per vedere se quelle patologie in realtà inducono il suo corpo a muoversi in un modo diverso dalla norma ... Poi da lì traggo le mie conclusioni, cioè cerco di capire qual è il movimento che può dargli quella sicurezza in più per fare sempre uno step in avanti.

Il dolore fisico è una semplice formula. Durante l'allenamento, se parliamo di dolore muscolare si forma acido lattico, da lì si crea lattato e i muscoli non si contraggono più ... Questa sostanza si frappone fra la miosina e l'actina e noi non siamo più in grado di esprimere il gesto, questo ci crea dolore. Questa è la visione scientifica.
Negli allenamenti che ho fatto e che condivido con i miei atleti abbiamo visto che non si può bypassare ma che ci si può abituare al dolore e questo fa sì che gli atleti che seguono un programma specifico riescano a migliorare le prestazioni abituandosi al dolore. Alla fine tutti, nel bene e nel male passiamo attraverso il dolore. Il dolore è un passaggio vitale fondamentale e non evitabile e si manifesta in varie forme e molto semplicemente noi ci possiamo abituare a vincere la realtà. Sorridere alla fatica è una cosa che ho scoperto grazie a un mio preparatore atletico. Molto semplicemente mi ha fatto notare che, nel momento in cui la fatica ha la meglio su di me, perdo la capacità di sorridere e quindi di coinvolgere i muscoli mimici per far si che sul mio viso si formi una espressione sorridente ... Tornare a sorridere mi dà la capacità, e invito tutti a farlo, di rimanere concentrato su quello che faccio, quindi di produrre sempre fisiologicamente adrenalina per sopperire alla fatica. Purtroppo non si può sorridere al dolore, ma già saper sorridere alla fatica riesce a influenzare la volontà positivamente.

Alle volte, in me, il lottatore fa cose che il dottore non farebbe mai e l'allenatore deve dire al lottatore di allenarsi a cose che il dottore non gli farebbe mai fare. Ma questi attriti mi sono di grande aiuto positivo e creativo perché mi fanno sorridere a quello che faccio quotidianamente e devo dire che le cose si compensano in modo perfetto per quanto mi riguarda. Sono contento di essere un lottatore, sono contento di essere un terapista e di essere un allenatore. Le tre cose viaggiano su binari diversi, si compensano e una cosa dà forza all'altra.

Il 100% degli obiettivi raggiunti dai miei atleti sono merito loro, io do solo delle indicazioni. È la loro voglia di emergere e migliorarsi che fa tutto il resto. Io mi limito a fare quello che so, do dei segnali, insegno, cerco di trasmettere delle tecniche e loro hanno la voglia e la capacità di fare e di conseguenza ottengono dei risultati e raggiungono i loro obiettivi. L'obiettivo che mi viene chiesto è fondamentale. È la prima cosa che dobbiamo raggiungere insieme. Molte volte l'obiettivo è bassissimo rispetto alle reali capacità dell'individuo. Vedo quello che la persona può ottenere date le sue caratteristiche ma soprattutto data la sua voglia, il suo interesse, la sua curiosità.

Una ragazza voleva perdere peso e ad un certo punto del percorso stava così bene da non aver più bisogno di inseguire la finalità iniziale. In quel momento, per lei, iniziava il vero allenamento.

Quella ragazza, quando mi ha detto che si sentiva meglio aveva già perso sette chili, era già cambiata esternamente, cosa che a me interessa in modo relativo perché il lavoro non è solo una ricerca estetica ma una ricerca profonda, una voglia di andare oltre. La voglia di conoscersi meglio, di conoscere la fatica. La nostra capacità di vincere la fatica ci aiuta anche semplicemente nella vita di tutti i giorni.

Io mi reputo fortunato perché la percentuale di successo, personale o sportivo che sia, tra i miei atleti è alta. E sono fortunato perché ho incontrato persone che hanno voglia di stare bene e di conseguenza le cose si ottengono.

Ho assistito a tentativi di autosabotaggio però abbiamo sempre trovato la via e le motivazioni giuste per far sì che non divenisse una realtà concreta e inevitabile.

L'autosabotaggio è una tecnica che la mente usa in maniera molto nitida nella vita di tutti i giorni ... Passando attraverso il corpo è più facile rompere questi circuiti. È più fattibile perché attraverso il corpo riesco a raggiungere degli obiettivi che sono lì, sono visibili.

Ora non sono in grado di fare una cosa e una settimana dopo riesco a farla.

Una cosa che mi era impossibile la faccio ridendoci sopra.

Il corpo e la mente acquisiscono nell'immediato una sicurezza che magari con altre vie sarebbe più difficile raggiungere, però il corpo in questo, assolutamente non mente.

Prima non facevo una cosa, adesso la faccio ... ci sono riuscito.

Quando il corpo smette di mentire il livello di resa si alza. Però devi sempre miscelare le due cose, la mente e il corpo. Devi vedere cosa vuole fare la mente.

Ci sono un sacco di patologie create nel quotidiano. Dalla manovra di retromarcia in macchina allo stirare la camicia al marito. Ci sono dei micromovimenti, parlando tecnicamente, che mettono in allarme le articolazioni e se un corpo non è abituato alla fatica, al dolore, all'allenamento, è destinato purtroppo a cadere in quella patologia.

La mente è fondamentale. La mente possiede il corpo. Il corpo senza il supporto della mente non è sicuro. Da solo non riesce a distinguere il bene dal male. Quando non ascolta quello che la mente gli dice corre il rischio di seguire una via immorale.

Il corpo sente la pressione fisica meccanica in modo banale ... Non c'è nemmeno discussione ... Attrito, forza di gravità, peso.

Se fattori esterni ci inducono ad avere dei pensieri non positivi, il corpo sicuramente si indebolisce, subisce delle pressioni che non riesce a sopportare. I fattori esterni possono essere veicolati o fatti entrare dalla mente. Il corpo da solo avrebbe una attitudine leggera nei confronti della vita, una predisposizione alla prova, al gioco ... La mente ha il potere di inserire pensieri assolutamente pesanti ma questi pensieri pesanti alle volte possono essere anche una sorta di salvaguardia per il corpo. Una sorta di stimolo ad aumentare la soglia di attenzione. Il corpo di conseguenza si difende e reagisce.

Il corpo ha bisogno degli altri.

Sicuramente per agire ha bisogno della massima concentrazione e della propria volontà di fare. Se le persone che ha intorno hanno la capacità di dare a quel corpo la giusta energia ben vengano ... Ma non è sempre così.

In ogni competizione puoi assistere a una sorta di incitamento e di tifo ma non sempre l'atleta ha bisogno di sentirsi dire determinate cose o quanto è forte. A volte ha bisogno di sentirsi coccolato, altre volte ha bisogno di sentirsi tranquillizzato dalle persone che gli sono vicine, se l'atleta è lì e sta affrontando una prova, di sicuro si è preparato sia fisicamente che mentalmente per essere lì. Quindi non ha bisogno di una spinta in più ma ha bisogno di qualcuno che gli ricordi che può e deve fare cose semplici come respirare. In molte competizioni ho visto un sacco di maestri consigliare semplicemente ai loro atleti di respirare. La tensione nella realtà di una prova arriva a dei livelli altissimi, le paure ci sovrastano, e sto parlando da atleta, e quindi il solo fatto di sentirsi dire : "Respira. Stai tranquillo. Sai quello che devi fare" può aiutarti. In questo caso sì. Negli altri casi sarebbe meglio tacere.

Il corpo allenato e condizionato sa fare quello che vuole e quando vuole, nella banalità del vivere quotidiano è probabile che non abbia questa capacità.

C'è bisogno di una educazione fisica, mentale per arrivare a sviluppare e dare potere a una forma di coscienza corporea. Quando raggiungiamo una forma di consapevolezza corporale siamo in grado di fare quello che vogliamo quando vogliamo.

Io nel corpo vedo uno strumento per il futuro e mi chiedo, pur sentendomi a volte fuori luogo perché non vedo la stessa cosa nella maggior parte delle persone che sfruttano il proprio corpo, lo utilizzano e non lo rispettano minimamente e allora mi chiedo " ... Ma senza il tuo corpo, dove pensi di arrivare, cosa pensi di fare?" La fusione di mente e corpo deve essere totale. Io immagino una persona capace dal punto di vista intellettuale ma anche dal punto di vista fisico, non vedo perché le due cose non debbano andare a braccetto nella stessa direzione. Si può vedere con facilità tutti i giorni in ragazzini di 15 anni che non sanno arrampicarsi su un albero perché giocano dalla mattina alla sera con la play station e questo mi preoccupa ... Molto. Una mente allenata senza un corpo allenato fa poca strada.

Vedo solo dei mezzucci per raggiungere una perfezione estetica che in realtà non porta a nulla perché la capacità di quel corpo è limitata rispetto a un corpo che si prende cura di se', che si allena, che cerca di mantenere uno stato di forma che gli possa permettere di compiere la sua volontà ... Senza arrivare a livelli atletici importanti, ma giusto per stare bene con se stessi, non avere il dolore al ginocchio, non avere il dolore alla schiena, alla spalla... Queste cose non le vedo e poi ultimamente la chirurgia estetica ha creato dei danni e ha tolto dei valori, secondo me.

Ha dato valore assoluto alla bellezza ma una bellezza artefatta che nello specifico può creare problemi. Se una ragazza si fa una quinta di reggiseno, sicuramente pagherà un prezzo perché la sua schiena non è capace di tenere quel peso. Molto semplicemente sto dicendo una cosa banale però questa cosa banale non la riscontro nel medico che esegue l'operazione e nemmeno nella ragazza che richiede quell'intervento.

Un corpo non allenato può arrivare addirittura a rimandare anziché affrontare la realtà.

Il corpo dà completezza alla vita di una persona, anche perché è una macchina perfetta. Il problema siamo noi, è la nostra mente che alle volte sfrutta questa macchina perfetta fino a usurarne i meccanismi, il corpo è perfetto, sta a noi mantenere questa perfezione.

Il corpo può rendere servizio alla vita in tutto e per tutto, dalla mattina quando apro gli occhi e poi per tutta la giornata, può aiutarmi a vivere in un modo semplice, sereno.

*Gli chiedo cosa pensi di questa frase che ho letto, come slogan in un sito internet:*

*"Life is not about finding yourself, life is about creating yourself"*

Concordo perché c'è una ricerca e soprattutto una voglia di migliorarsi, fare in modo che le cose vadano in un modo migliore anche dal punto di vista fisico, per permettermi di lavorare, di essere sereno, di giocare con i miei figli, di frequentare amici, muovermi nello spazio senza avere problematiche o patologie o dolori che sicuramente mi cambierebbero il senso e il gusto della vita.

Nel corso degli allenamenti vedo il cambiamento di atteggiamenti mentali mentre cambia il corpo. Si arriva alla consapevolezza del proprio corpo, si acquisiscono sicurezze perse e fisiologicamente ci si sente meglio per una serie di fattori, la produzione di adrenalina, betaendorfine e quant'altro e di conseguenza il soggetto oltre a cambiare la propria postura, ha un atteggiamento diverso perché in  lui si sono create quelle sicurezze sane che prima non aveva. In base alle capacità dell'allenatore gli atteggiamenti violenti vengono trasformati. Ci sono anche allenatori che non sono veri allenatori ma che fanno delle "marchette" , danno l'illusione al proprio assistito di aver ottenuto qualcosa solo per percepire un compenso, del denaro ma la realtà delle cose non è quella e dal mio punto di vista non c'è un ritorno positivo per queste persone perché alla fine tu hai illuso una persona, non hai raggiunto nessun tipo di obiettivo e hai solo intascato del denaro. Io non faccio così e conosco un sacco di persone, anzi tutte le persone che lavorano con me la pensano così e la ricerca è quella di migliorare chi viene da noi, sia per una patologia sia per la ricerca di una preparazione specifica per le sue performance sportive.

Attualmente il Crossfit va molto di moda e questa cosa mi fa piacere. Mi piace che il Crossfit venga conosciuto da più persone, mi preoccupa solo una cosa di questo metodo. Ho incontrato allenatori che miravano a demolire i loro atleti, li sottoponevano a prove di ardimento che io non considero degli allenamenti. Questo per creare una sorta di distanza tra il Crossfit e gli altri tipi di allenamento ... Questo è un errore secondo me. Ci sono un sacco di allenatori che dicono di fare Crossfit ma in realtà hanno perso, secondo me, il concetto. Cioè "cos'è l'allenatore?", è quello che ti deve preparare quindi ci deve essere una sorta di alchimia particolare tra quello che devi fare e quello che non devi fare. Per questo io dal Crossfit prendo quello che mi interessa per i pugili, per i lottatori, per i triatleti. Quindi prendo quello che mi interessa da questo metodo perché lo trovo geniale e poi questa comunity che c'è nel mondo mi dà l'opportunità di avere a portata di mano un sacco di dati di esercizi e risultati con cui posso lavorare. Però analizzo e non seguo tutto al 100% perché devo fare la cosa giusta per il mio atleta o cliente. I miei clienti sono tutti atleti.

L'allenamento sportivo e atletico è anche un allenamento per la vita di tutti i giorni.

C'è una disciplina, ci sono delle regole, c'è uno che parla e sa, tu ascolti e fai.

Purtroppo viviamo nell'era del commento, tutti si sentono in diritto di commentare le cose che gli vengono dette, con me non funziona. Tu commenti se sai, sennò ascolti e apprendi oppure liberissimo di non apprendere, anche perché ognuno decide per la propria vita, su quello ognuno ha pieno diritto di critica ... Autocritica.

Gli chiedo un commento anche su questa frase, tratta da una tesina sull'autoboicottaggio:

*"Ogni schema mentale scende nel corpo diventando un meccanismo del nostro fare ..."*

V. Amato

Sì, concordo. Il corpo riesce a non avere limiti se la mente riesce a immaginare di non avere limiti. Immaginare, elaborare con la mente e poi mettere in pratica. Un corpo per non avere limiti ha bisogno di una mente che non si ponga limiti. Non potrebbe essere altrimenti. I limiti mentali, le paure, le ansie, le distrazioni vanno rotte. Io tratto tutti da atleti e l'atleta non può permettersi distrazioni nel momento in cui è in una competizione. Questo gli costerebbe la vittoria. L'essere umano può permettersi distrazioni durante la vita però bisogna limitare i danni di quelle distrazioni. Solo distrazioni calibrate.

Damiano Fasanella

XI

XI.a

Nonostante il mondo guardato mostri una valanga di differenze tra gli individui, più parliamo con i nostri simili e più si nota che siamo tutti allo stesso punto, giunti fino a qui per vie anche molto diverse, a velocità differenti, con modalità di osservazione diverse, eppure, tutti, nello stesso momento, nello stesso posto.

Questo, anche se parziale nel suo aspetto concreto/verità, merita una riflessione:

Come è possibile che le persone attorno a me, anche se con altre immagini, stiano esperendo la mia stessa realtà? Come cambia la percezione del tempo del reale? Perché le paure si diffondono così velocemente? Perché si creano vuoti di comunicazione che rendono difficile nutrirsi e vivere?

La risposta è semplice, magari non facile, ma semplice. L'uomo sociale, rinunciando al "suo proprio ritmo", perde la tendenza naturale a fare esperienza di se', perde la sua capacità di autorealizzarsi, coinvolgendo tutto ciò che incontra nel suo modello negativo.

Solo se faccio le cose "per cui sono nato", accadrà nella mia vita quell'avvenimento che il sociale chiama caso fortunato e cioè essere/trovarsi nella condizione di avere le cose giuste, nel posto giusto, al momento giusto.

Solo seguendo il mio istinto vitale posso risolvere il conflitto di fondo e raggiungere la "mia propria velocità", intesa come il rapporto tra lo spazio che percorro e il tempo che impiego per percorrerlo. Le mie velocità generano il "mio proprio ritmo", quel suono (vibrazione vitale) che mi avvicina al benessere, alle scelte giuste. Per giusto si intende non tanto un'azione buona, quanto capace di dare benessere senza creare inquinamento umano, cioè senza bloccare nè il se' profondo personale, nè il se' profondo di altri.

La realizzazione di se' richiede molta profondità, impegno e volontà, tempo personale e non solo. Serve anche l'acquisizione teorica e pratica del fatto che "l'unico modo per avere certezza del futuro è crearlo".

Ogni individuo ha il diritto e il dovere di raggiungere una sua maturità effettiva.
Solo quando l'essere umano decide di rendersi conto che non c'è vestito che possa nascondere le sue carenze, le sue miserie e che in fondo non c'è bisogno di nasconderle ma semmai di accoglierle e accettarle, tutto inizia a muoversi.
Ognuno deve entrare nella "sua propria" ottica di realizzazione, decidendo di risolvere le proprie zone buie, riportando la sua lettura del reale su una vibrazione positiva, chiara e sana. Questo può mettere l'individuo nella condizione di comprendere il proprio talento e andare verso una piena realizzazione, superando quel conflitto di fondo che impedisce l'ingresso delle informazioni-medicina e spostando l'attenzione dalla identificazione con "ciò che faccio" verso una libera fruizione di tutte le possibilità, per fare un'esperienza di vita ricca e vera.

A questo punto l'individuo parte alla ricerca, conoscenza e dialogo con parti della persona che possono spaventare, incuriosire, lasciare senza fiato. È normale, sono parti addormentate, mai sollecitate apertamente dalla vita sociale, anzi sempre tenute nascoste, come se non ci fossero mai state. Queste parti che si svegliano, sono fragili e un po' frastornate, desiderose di diventare atto, ma anche potentemente ineducate. È così che al primo tentativo di afferrarle e farle produrre, il malcapitato individuo si troverà di fronte ad un loro secco rifiuto. Perché dovrebbero dare energia e forza ad un sistema alla cui costruzione, loro, non hanno partecipato. E così se si tenta di farci dei soldi o rimorchiare a più non posso, questi talenti non escono allo scoperto. Non hanno nessuna intenzione di alimentare modelli di vita sterili e poveri.

La piena realizzazione vede soddisfazione in tutti i campi che compongono l'esperienza di vita. È facile intuire come in un mondo dove vige il "Dividi et Impera" possano esserci uno o più campi che rimangono indietro o perché ritenuti "inutili" o "facili" e quindi recuperabili in qualsiasi momento o perché visti come "difficili " e quindi non risolvibili. Per esempio, a qualcuno può andare benissimo con il denaro, guadagnarne a palate, in modo semplice e veloce, ma avere una carenza affettiva talmente radicata da influenzare direttamente e profondamente la scelta delle persone con cui allacciare dialoghi emotivi.

L'intorno emotivo di questo individuo sarà formato da persone scelte con cura e inconsciamente in modo da dare verità al suo modo di vedere il mondo affettivo, un mondo vissuto come povertà emotiva, rapporti meschini e popolato da personaggi arrivisti che confermino il dolore delle ferite ancora aperte.

Perverrà, questo individuo, alla conclusione che la realtà e la vita sono solitudine e insoddisfazione, riempirà tutta la realtà con quella qualità vitale, legata a esperienze antiche che lui stesso ha drammatizzato e messo al centro del suo modello di vita, contribuendo suo malgrado a generare un sistema-realtà di questo tipo.

Per altri mettersi in contatto con il se' profondo è un fatto quotidiano e possibile. Questi individui possono avere carenze in altri aspetti del modello comportamentale, difficoltà a tenere i piedi per terra e a produrre anche in direzione di questo mondo.

Nel nostro lavorare quotidiano abbiamo a che fare con tutta una serie di situazioni diverse che, per riuscire a tenere sotto controllo, crediamo di dovere dividere.

Così ci è stato insegnato, così facevano gli antichi romani per conquistare nuovi territori. Dividevano le popolazioni residenti, le mettevano le une contro le altre e poi si prendevano tutto. Lo hanno sintetizzato nel detto " Dividi et Impera".

Ci viene spiegato che dividendo e tenendo separate le varie parti del nostro essere, mettendo da una parte i sentimenti, dall'altra i desideri, dall'altra ancora le necessità, possiamo riuscire a controllarci con maggior profondità e renderci così più produttivi.
Ci viene chiesto di lasciare da parte l'emotività quando si parla di affari e poi, lentamente, finiamo con il ragionare in termini di utile e tornaconto anche nelle sfere più intime e sentimentali, questo avviene perché come esseri viventi non possiamo essere "divisi".
La nostra vita nasce proprio dalla ricchezza della complessità dei rapporti tra tutte le parti che ci compongono. Come tessiamo relazioni tra i nostri vari se', così andiamo costruendo rapporti con gli altri volti dell'umanità, dando vita a sistemi nei quali dovremmo integrarci con tutto quello che è esterno al se', cioè campi nei quali conoscere e fare esperienza di vita.
Proprio perché questi spazi di scambio-sapere, tradiscono, nella realtà di tutti i giorni, la loro funzione essenziale cioè non sono campi nei quali fare esperienza di vita, ma campi nei quali applicare ciecamente parametri di funzionamento che l'uomo si sforza di aggiornare ma che rimangono sempre e inevitabilmente un gradino indietro rispetto alla complessità del reale, bisogna trovare il modo per scoprire dov'è che si disumanizzano, cioè dove prendono un'altra via, diversa da quella per cui sono stati creati.

Scoprire dov'è che il lavoro diventa spazio di competizione, di fatica senza equa distribuzione degli utili, di regola e non di realtà, e lì intervenire affinché il Sistema-Lavoro non imbocchi una via propria autoreferenziale, ma rimanga entro i limiti di utile umano, cioè collegato e al servizio della sorgente che lo ha generato (l'essere umano appunto).

Abbiamo bisogno di smettere di pensare che dobbiamo risolvere problemi e iniziare, semmai a cercarli i problemi che ci impediscono di provare benessere e piacere. Quando tentiamo di risolvere qualcosa che non identifichiamo scivoliamo in uno stato di panico che alimenta l'attitudine umana a evitare la realtà ... Non occuparsi di se' diventa il modo più facile per affrontare il quotidiano.

Devo sempre ricordare che l'unico ostacolo che impedisce realizzazione è l'inquinamento umano, quella perdita di benessere e piacere che i sistemi vorrebbero farmi pensare inevitabile. Ricordare che l'energia per la mia realizzazione è sovrabbondante, più che sufficiente per tutti e non c'è bisogno di lottare e sgomitare per averne a disposizione abbastanza ... Al contrario, l'unica cosa che ho bisogno di ricordare per raggiungere me stesso e vincere il premio che c'è in palio e cioè la pienezza di vita, è imparare ad amare in reciproco scambio con l'universo, con gli altri, con me stesso.

Possiamo usare, per un istante, la visione di Inferno, Purgatorio e Paradiso che Dante Alighieri fa nella sua Divina Commedia. Tre mondi, uno di punizione eterna, uno di tentativo di cambiamento e uno di pace eterna.
Ad ognuno riconoscere qual è il suo punto di partenza e quale l'obiettivo.
Dante descrive un Inferno nel quale la pesantezza del peccato ha schiacciato tanto Satana, quanto le anime che non hanno saputo resistergli, contro il suolo, creando un vero e proprio cratere e ritrovandosi imprigionate in uno spazio-tempo non volontario. Il peso del peccato commesso scandisce la vicinanza agli inferi e quindi, più grave è stato l'errore e più, per la legge del contrappasso, il dannato si ritrova in basso e costretto a vivere nel ricordo delle sue azioni. Non basterà l'eternità a salvarlo da questa situazione e secondo Dante l'Inferno è un posto dal quale, quando ci sei entrato, non c'è più ritorno. La punizione non

è soltanto l'atto violento momentaneo, ma la ripetizione infinita e senza cambiamento della violenza che ricorda la colpa. Il misero punito è costretto a rispondere automaticamente alle sollecitazioni esterne, non è libero di decidere come, deve fare secondo copione (e i demoni stanno lì a controllare che questo accada).

Nel Purgatorio c'è la possibilità di redimersi. E' legata alla capacità di rispondere a compiti sociali o individuali che generino un cambiamento di sensibilità. Solo cambiando profondamente il proprio comportamento si può scalare la montagna e giungere, prima o poi alla vetta. Questo "prima o poi" è legato all'incertezza del tempo, ma nella Divina Commedia, anche il tempo è gestito dagli sforzi che l'individuo può fare per cambiare. L'anima si arrampica fino alla cima della montagna, giunge vicino alla liberazione e assaggia quasi il perdono, ma poi ripiomba giù, di nuovo al punto di partenza.

Eh già, per cambiare sensibilità, bisogna cambiare profondamente e veramente il modo di percepire il reale, la punizione, l'altro da se'. Non è raro che, nel Purgatorio dantesco, i peccati si debbano espiare con movimenti di gruppo. Desiderando o tentando di fuggire dal collettivo, si rischia di cadere ancora più in basso. Il "trucco" per raggiungere la redenzione consiste nel "lasciarsi raggiungere dal perdono", nell'arrivare a sentire l'altro come parte del se' individuale. Solo a questo punto la misericordia, la Pietà e la Grazia riescono a sostituirsi a quei mostri che popolano Inferno e Purgatorio.

Si arriva così all'ultimo capitolo della commedia, quel Paradiso che Dante descrive come la dimensione in cui le anime, illuminate direttamente dalla luce divina (vibrazione che informa ogni sistema che incontra, rendendolo consapevole della sua posizione rispetto al tutto), non hanno più alcun bisogno. L'alimento arriva, alle anime, direttamente dal cervello centrale e i beati, i santi e le schiere angeliche, non hanno più necessità alcuna, se non rispondere al bisogno primo di ogni forma di vita: "Lasciarsi riempire dalla chiarezza dell'amore divino".

La nostra attenzione va proprio sulla qualità disumana di molti dei sistemi creati dall'uomo. La realtà quotidiana appare condizionata da scelte politiche, burocratiche e religiose, appoggiate più su logiche di mercato che su capacità evolutive. Nel recupero dell'unità naturale come famiglia di esseri viventi, c'è la possibilità di riumanizzare i sistemi produttivi e mirare al paradiso in terra, inteso come mondo dove c'è spazio per tutti.

Per riuscire a restaurare l'equilibrio e quindi mantenersi nel benessere e nel piacere, bisogna centrare la coscienza in una percezione locale e lasciare che l'intenzione provochi un cambio in quella localizzazione. La qualità della vita dipende, in ultima analisi, dalla qualità dell'attenzione che mettiamo su noi stessi, da quanto siamo disposti a investire del nostro se' per osservare le nostre proprie miserie, sogni, credenze e così via. Solo occupandoci del nostro risveglio individuale possiamo permettere alla coscienza di fluire e riportare ordine nella nostra esistenza.

Introdurre il concetto di tempo sonico, può portare chiarezza su quello che è il nostro punto bersaglio, il cambiamento essenziale della percezione di vita.

Il tempo sonico é il "non tempo" in cui gli opposti si annullano, punto di partenza che torna al punto di origine. L'infinito presente è il campo unificato, spazio/tempo, in cui tutto é possibile. E' il metodo per centrarsi nel tempo che fugge.
Il tempo sonico supera il tempo lineare e utilizza concetti del tempo ciclico per arrivare a recuperare il "Mio " tempo, inteso come tornare nel mio pulsare, ritrovare l'universale al di là del relativo.
Il tempo sonico utilizza il viaggio del suono nel mio corpo per sviluppare l'ascolto attivo di come fluisco, per armonizzarmi.

La risonanza é un sistema di connessioni tra l'uno e l'uno e tra l'uno e i molti.

Grazie alla risonanza, posso accedere ad uno spazio in cui é possibile "riconoscere" l'altro sentendone il suono, ossia la vibrazione. Esiste la possibilità, attraverso il tempo sonico, di entrare con me e con gli altri, in un rapporto essenziale.

In un rapporto essenziale posso velocizzare il rapporto di conoscenza e scambio, grazie all'incremento di autenticità nel dialogo.


L'uomo è un diapason capace di entrare in vibrazione e attraverso l' "Io vibro" è capace di rendersi conto che tutto attorno a lui vibra.


"Realizzarsi per Compiersi": Le parti del mio corpo sono uno strumento attivo verso un rapporto con me stesso, mirato alla focalizzazione di intenti e verità.

Mantenersi in vibrazione con il reale per vivere il presente, significa sentirsi per restare in se'.

Vogliamo arrivare a una vera e propria dilatazione spaziotemporale, ad uno spazio-tempo unificato (la Pacha della cosmovisione andina, per esempio) in cui Io Sono Quello Che Sono.

## XII

Diversi anni fa, quando ancora la crisi economica che sta dissipando le strutture della società contemporanea non era materializzata, ho lavorato per un discreto tempo ad un progetto di comunicazione. In un locale notturno, un imprenditore curioso aveva aperto uno spazio di decompressione. Il problema dei giovani che andavano a schiantarsi contro muri e paletti nel buio della notte, pieni di alcool e droghe varie, aveva aperto una riflessione sociale che coinvolgeva un po' tutti negli anni ottanta e novanta dello scorso secolo.

Un gruppetto di persone un po' newagiche, in mezzo al quale c'ero anche io, aveva avuto la possibilità di parlare con i giovani per comprendere motivazioni e visioni che spingevano a una ricerca esasperata dell'eccesso e anche se ci rendevamo conto che era tutto fatto per pubblicità e marketing, a noi faceva incredibilmente comodo avere una casa protetta da cui fare indagine e provare a comunicare nuovi modi di vedere la realtà, il mondo e l'individuo.

La nostra "casa" era il retro di un grande locale riminese, di quelli che ospitano fino a cinquemila persone ... Ce lo avevano allestito con tappeti e cuscini, non si poteva fumare (cosa che di lì a dieci anni sarebbe diventata una norma per tutti i locali pubblici), si bevevano solo succhi di frutta e tisane e si mettevano in pratica consulenze sciamaniche varie e massaggi rilassanti e blandamente terapeutici.

Io stavo completando la mia tesi in architettura che si intitolava "Architetture notturne, desiderio di sicurezza in un mondo caotico" e raccogliere dati mi era indispensabile ...

In quell'epoca ho conosciuto una donna che sarebbe divenuta una cara amica. Lei era finita lì dentro per raccogliere dati per la sua tesi in psicologia, si occupava di "Sciamanesimo e Psicoterapia". Le ho chiesto di raccontarmi qualcosa sulla sua visione personale della comunicazione e questo è quello che è emerso dal nostro dialogo:

"Comunicare è fare parte ad altri di qualcosa, far sapere, divulgare, diffondere, amministrare la comunione e comunione è il vocabolo più preciso per indicare una comunanza, un insieme di individui che fanno parte di una stessa confessione religiosa,  di una stessa progettualità, individui che sono in rapporto di concorso di proprietà su un medesimo bene.

Esiste una comunicazione visiva che riguarda la vista e lo spazio che si abbraccia con lo sguardo. La vista in particolare è il senso che dà la facoltà di vedere. In senso figurato "vista" significa "essere conosciuto", diciamo spesso che "quella è una persona in vista", significa importante ma anche con una sua opinione, con un modo di pensare che la distingue dal resto, che la mette nella condizione di essere unica in mezzo ai suoi uguali.

Esiste una comunicazione uditiva che concerne l'udito, il senso con cui si percepiscono i rumori e i suoni. Il suono è la sensazione prodotta sull'orecchio umano da vibrazioni meccaniche trasmesse elasticamente attraverso l'aria e generate da un corpo eccitato ... Il suono è anche la vibrazione in se' e ci riferiamo con il termine suono anche alla voce umana, di strumenti musicali e simili. Insieme al suono esiste il rumore che è una perturbazione sgradevole all'orecchio prodotta da un succedersi irregolare di vibrazioni in cui manca un preciso carattere di periodicità ... Nella aperiodicità del rumore manca quello spazio-tempo che si distingue per tratti caratteristici o per situazioni particolari in un determinato ciclo.

Esiste una comunicazione attraverso il corpo e questo tipo di comunicazione coinvolge la pelle dato che anche la pelle "sente".

Il corpo è la parte principale, il nucleo più compatto e consistente di qualcosa, avere corpo significa prendere consistenza.

Il corpo è il complesso organizzato di materia che costituisce l'uomo e gli animali. Con la parola corpo spesso indichiamo il ventre.

La pelle è la membrana che riveste esternamente il corpo dell'uomo e degli animali e significa anche vita, hai mai sentito qualcuno che dice che ha salvato la pelle?

La comunicazione può essere:

-Logica, quando utilizza strumenti propri del pensiero, quando è condotta con rigore di ragionamento, ma può essere anche

-Analogica quando è basata sulla relazione di somiglianza fra due o più cose, per alcune caratteristiche comuni e

-Può comunicare dati concreti, informazioni tangibili e provabili oppure intuizioni.

Una intuizione è basata sulla conoscenza immediata delle cose, ottenuta non mediante una dimostrazione ma quasi per una visione diretta di esse quando si presentano alla coscienza. L'intuizione è la disposizione naturale a cogliere prontamente e con chiarezza la soluzione di un problema, sia teorico sia pratico.

Con intuizione, infine, si indica la diretta visione di dio, che si ha soltanto per virtù della grazia dopo la morte o in estasi.

È impossibile non comunicare.

Vivere, comprendere in se' ossigeno e trasformarlo in energia vitale, é già di per se' comunicare. È una forma di comunicazione essenziale che vede l'essere umano impegnato, utilizzando il corpo, in una comunicazione profonda con tutto ciò che gli sta attorno. Emettere un suono, ricevere un suono, sentirlo con il corpo, permette una conoscenza profonda e immediata dei parametri che disegnano e creano vita, permette esperienza, capacità di creare attraverso la materia nutrimento per il quotidiano.

Si può quindi comunicare a diversi livelli di vibrazione, a differenti piani di densità.

Ogni atteggiamento, ogni disposizione crea un messaggio, un qualcosa da dare e ricevere.

La metacomunicazione é il mutamento, la modificazione, la trasposizione e la partecipazione di uno stato della comunicazione che supera i confini tradizionali per giungere a un'esperienza che concerne i principi e i fondamenti degli scambi vitali tra due o più sistemi. Attraverso la metacomunicazione possiamo comprendere, conoscere ed esperire quei fenomeni che, attraverso sensazioni che non sappiamo decodificare, coinvolgono i sensi più sottili, fenomeni che non si spiegano con le leggi fisiche o biologiche conosciute. Il nostro corpo, che vive in condizioni di equilibrio relativamente instabili, tende a cercare uno stato di equilibrio stabile, sottoponendosi anche a livello inconscio, a stimoli adeguati.

La metacomunicazione si occupa di tutti quegli spazi del conoscere subordinati ai sensi di dovere culturale, tutto quello che "non mi sembra il caso di dire", ma che passa attraverso i miei comportamenti, tutte quelle parti del mio divenire offuscate dall'obbligo dell'essere, che la mia mente tende a nascondere e rimuovere, ma il mio corpo esprime attraverso stati di follia, di ansia, di paura e malattia.

La comunicazione inconscia riveste un valore fondamentale in questa nostra società basata sull'immagine e sul suono e può acquistare valore di grande nutrimento se vista con gli "occhi e sentita con le orecchie dell'intero corpo ".

Ciò che emetto e ciò che ricevo, acquistano valore solo se inseriti in un continuum formato da circoli si feedback. Il mio unico dovere come essere vivente umano é avere memoria, ricordare ciò che sono, per comprendere appieno ciò che sto diventando.

Fondamentale per spiccare il volo é essere consapevole e responsabile di ciò che dico, di come lo dico, di cosa vorrei dire e della comunicazione sottile che vado tessendo con me stesso e con gli altri.

La metacomunicazione si occupa appunto delle dinamiche consce e inconsce della comunicazione personale e interpersonale.

Nello studio del proprio stile comunicazionale, il primo passaggio da affrontare é il riconoscimento dell'impronta familiare.

Ci portiamo addosso tutta una serie di modi che vengono desunti direttamente dalle figure materna e paterna, fino a diventare figli dei nostri genitori non solo e non tanto dal punto di vista genetico e biologico, ma soprattutto culturale e comportamentale.

Quando nasce una vita, viene data la possibilità, ad un nucleo di consapevolezza (l'uomo), di fare esperienza materiale dell'energia vitale.

Un'intera esistenza nella quale comprendermi e riconoscermi come essere in evoluzione, libero di improvvisare il ruolo della vita in atto, libero di fondermi eà perché no confondermià con l'esperienza stessa che sto facendo della vita.

L'impronta familiare acquista allora il valore di base di partenza, di situazione dalla quale evolvere, la casa da cui ognuno di noi parte per creare il proprio vissuto. E se non vivo, non avrò esperienza, non avrò nutrimento, non avrò l'eredità da lasciare a chi segue. E chi é che segue? Non un altro, lontano da me, ma io stesso, vuoi concettualmente come parte di me, vuoi materialmente come reinserimento sociale della mia anima. Il terreno che sto preparando servirà a me stesso. Se non ho compreso oggi, se non sono riuscito a fare quel salto qualitativo di comprensione che mi può permettere una esistenza nuova, in un mondo migliorato, tornerò a vivere in dinamiche egoiche, nel territorio che un me precedente ha creato, con tutti gli errori che io stesso ho fatto.

Serve davvero sprecare tempo a pensare se questo é vero materialmente o solo psichicamente, se esiste un dio come grande anima o se sto parlando del grande inconscio collettivo junghiano?
Non credo. Il punto cruciale, semmai, é che basta fermarsi un attimo, concentrarsi in se', parlare con se', per sentire che, anche se in modo personale, ognuno percepisce la verità di vita come naturale propensione al benessere, alla serenità e se mi sembra di non averli, passerò l'intera esistenza a cercarli."

Annalisa Donati

Outro

Il mondo é pieno di strade, alcune sono larghe e solari, altre sono tortuosi sentieri bui, ma ognuno ha la propria via, e non credere significa, il più delle volte, non credere che ci sia sulla faccia di questa terra, una via adatta per la propria realizzazione. Che ogni istituzione umana ha avuto i suoi spazi di debolezza, d'egoismo, d'attaccamento e abuso di potere, mi sembra una verità, come ognuno di noi, nell'essere, ha spazi di errore e superbia, di gelosia e violenza.

Siamo umani e abbiamo lati umani, ma rinunciare al proprio spirito, rifiutare una parte di se', solo per andare dietro a un credo diffuso e magari marcio, mi sembra tanto un atto di cocciutaggine sterile ... La scelta di comodo non esiste più ... Non ci sono più sistemi che possano davvero proteggere l'umano dalla responsabilità delle sue stesse scelte.
Più che altro ci si può muovere liberamente surfando tra le culture di questo mondo-paese, per riscoprire che magari per "affinità", si é più vicini a percepire un dio come gli indiani del nord America o come gli eschimesi.
Chi lo sa, solo l'esperienza diretta e personale può portare una vera conoscenza e il ricordo di ciò che siamo e siamo stati, magari proprio in una tribù di indiani pellerossa o nei ghiacci eterni del nord del mondo è l'unica opportunità per arrivare a sapere cosa saremo.

L'involucro più prossimo, il corpo, é in questa ottica un canale prezioso e ricco di funzioni, con tutta una serie di programmi per la traduzione che usiamo poco e male.

L'anima, parte dell'uomo confusa, ricca di contraddizioni e legata alla magia (ah, ah!), secondo la metafisica é il principio vitale per eccellenza, particolarità di ogni piccola cosa che ha una forma. Gli animali hanno un'anima, le piante pure e qualunque cosa che ha una sua vita, anche solo psichica e di utilizzo, ha in un qualche modo una sua anima.

L'essere umano ha poi un dono diverso dalle altre creature: "Quando vive, se ne rende conto". E', in un qualche modo cosciente e consapevole di star respirando. Solo quando l'essere umano accetta questo dono divino, solo allora é pronto per permettere alla sua fase materico-formale di diventare il piedistallo per l'incontro tra anima e spirito, tra basso (la parte "anima" che ha tutto il sapere per sopravvivere sulla terra e della terra) e alto (la parte "spirito" che ha tutto il sapere per vivere e volare nell'alto dei cieli).

Lo sforzo maggiore per riuscire a penetrare questi nuovi parametri di lettura del reale, sta proprio nel riconoscere l'assenza di sforzi. Siamo abituati a leggere l'apprendimento in chiave d'impegno e fatica. Qui e adesso, questa dinamica crolla. Quello che a noi interessa sottolineare é proprio l'inutilità del fare sforzi, la ricchezza del ricordare. Se ci permettiamo di ricordare, se ci concediamo il permesso di uscire liberi a fare un giro nel nostro mondo, possiamo trovare poteri assolutamente insperati, impensati e forse, in alcuni casi immaginati e solo sognati. Cerchiamo la guarigione, il nutrimento, la fiducia in noi stessi in campi che solitamente sono aridi e malconci, eppure ci convinciamo che tutto il mondo é così e quando incontriamo qualche viaggiatore che ci racconta di oasi lontane e lussureggianti, piene di nutrimento e vita, dove ancora si può avere un ruolo umano e amare, immediatamente dopo aver ascoltato il racconto, ci convinciamo che quello era un pazzo, che stava farneticando e che non esiste nulla al di là del deserto della vita quotidiana. E questo succede anche se riconosciamo nella persona che ci ha fatto dono della sua esperienza, i segni del benessere, della fede e della libertà. La nostra mente, spinta e guidata dall'ego, parte subito alla carica, spiegandoci che forse lui ha potuto, ma che noi ... Noi siamo incapaci di affrontare un simile viaggio, siamo piccoli e indifesi oppure che c'è troppa gente che conta su di noi, che dipende da noi...

Come si può abbandonare chi ti vuole bene, chi ti cerca perché ha bisogno, chi è incapace di farcela senza il tuo supporto?

Risposta:

-Scoprendo che solo se aiuti te stesso a diventare cosciente e libero, puoi aiutare qualcuno ...

www.ingramcontent.com/pod-product-compliance
Lightning Source LLC
Chambersburg PA
CBHW031300280526
45784CB00004B/1932